dtv

Nur etwas mehr als sechs Minuten sprach Michael Köhlmeier am 4. Mai 2018 in der Wiener Hofburg. Doch seine Rede hallte durch das ganze Land. Eindringlich und klar wandte er sich gegen all die Politiker, die derzeit fast im Wochenrhythmus antisemitische und rassistische Äußerungen von sich geben. Erstmals sind in diesem Band politische Reden des großen Erzählers Michael Köhlmeier zu lesen. Ein unerschrockener Kommentar zu der Politik unserer Tage, in der Verleumdung und Niedertracht hoffähig geworden sind. Ein wortmächtiger Appell, sich der Verheerungen des Faschismus bewusst zu bleiben und sich zu empören – über den Verfall unserer politischen Kultur.

Michael Köhlmeier, geboren 1949 in Hard am Bodensee, lebt als freier Schriftsteller in Hohenems und Wien. Für seine Bücher erhielt er zahlreiche, sehr bedeutende Auszeichnungen, zuletzt den Literaturpreis der Konrad-Adenauer-Stiftung und den Marie Luise Kaschnitz-Preis für sein Gesamtwerk. Im Herbst 2018 erschien sein neuer großer Roman ›Bruder und Schwester Lenobel‹.
Hanno Loewy, geboren 1961, ist Literatur- und Medienwissenschaftler, Publizist und seit 2004 Direktor des Jüdischen Museums in Hohenems. Er baute das Fritz Bauer Institut in Frankfurt am Main auf und war dort Leiter der Abteilung Erinnerungskultur und Rezeptionsforschung.

Michael Köhlmeier

Erwarten Sie nicht, dass ich mich dumm stelle

Reden gegen das Vergessen

Mit einem Nachwort
von Hanno Loewy

*Erwarten Sie nicht,
dass ich mich
dumm stelle*

Sehr geehrte Damen und Herren,

erwarten Sie nicht von mir, dass ich mich dumm stelle. Nicht an so einem Tag, nicht bei so einer Zusammenkunft. Ich möchte nur eines: den Ermordeten des NS-Regimes, von deren Leben die Schüler so eindringlich berichtet haben, in die Augen sehen können – und sei es nur mithilfe Ihrer und meiner Einbildungskraft.

Diese Menschen höre ich fragen: Was wirst du zu jenen sagen, die hier sitzen und einer Partei angehören, von deren Mitgliedern immer wieder einige, nahezu im Wochenrhythmus, naziverharmlosende oder antisemitische oder rassistische Meldungen abgeben, entweder gleich in der krassen Öffentlichkeit oder klamm versteckt in den Foren und sozialen Medien – was wirst du denen sagen? Willst du so tun, als wüsstest du das alles nicht? Als wüsstest du nicht, was gemeint ist, wenn sie ihre Codes austauschen, einmal von »gewissen Kreisen an der Ostküste« sprechen, dann mit der Zahl »88« spielen oder wie eben erst den Namen George Soros als Klick verwenden zu Verschwörungstheorien in der unseligen Tradition der Protokolle der Weisen von Zion? Der Begriff »stichhaltige Gerüchte« wird seinen Platz finden im Wörterbuch der Niedertracht und der Verleumdung.

Gehörst du auch zu denen, höre ich fragen, die sich abstumpfen haben lassen, die durch das gespenstische Immer-Wieder dieser »Einzelfälle« nicht mehr alarmiert sind, sondern im Gegenteil das häufige Auftreten solcher »Fälle« als Symptom der Landläufigkeit abtun, des Normalen, des »Kenn-ma-eh-Schon«, des einschläfernden »Ist-nix-Neues«? Zum großen Bösen kamen die Menschen nie mit *einem* großen Schritt, sondern mit vielen kleinen, von denen jeder zu klein schien für eine große Empörung. Erst wird gesagt, dann wird getan.

Willst du es dir, so höre ich fragen, des lieben Friedens willen widerspruchslos gefallen lassen, wenn ein Innenminister wieder davon spricht, dass Menschen *konzentriert gehalten* werden sollen?

Willst du feige die Zähne zusammenbeißen, wo gar keine Veranlassung zur Feigheit besteht? Wer kann dir in deinem Land in deiner Zeit schon etwas tun, wenn du die Wahrheit sagst?

Wenn diese Partei, die ein Teil unserer Regierung ist, heute dazu aufruft, dass die Juden in unserem Land vor dem Antisemitismus mancher Muslime, die zu uns kommen, geschützt werden müssen, so wäre das recht und richtig – allein, ich glaube den Aufrufen nicht. Antiislamismus soll mit Philosemitismus begründet werden; das ist genauso verlogen wie ehedem die neonkreuzfuchtelnde Liebe zum Christentum. Sündenböcke braucht das Land. Braucht unser Land wirklich Sündenböcke? Wer traut uns solche moralische Verkommenheit zu? Kann man in einer nahestehenden Gazette schreiben, die befreiten Häftlinge aus Mauthausen seien eine Landplage gewesen, und sich zugleich zu Verteidigern und Beschützern der Juden aufschwingen? Man kann. Mich bestürzt das eine, das andere glaube ich nicht. Wer das glaubt, ist entweder ein Idiot, oder er tut, als ob, dann ist er ein Zyniker. Beides möchte ich nicht sein.

Sie haben die Geschichten gehört, die von den Schülern gesammelt wurden, und haben sich vielleicht gedacht, ach, hätten diese armen Menschen damals doch nur fliehen können, und Sie wissen doch, dass es auch damals solche gegeben hat, die sich damit brüsteten, Fluchtrouten geschlossen zu haben.

Ich habe lange darüber nachgedacht, was ich heute vor Ihnen sagen soll. Mir wäre lieber gewesen, man hätte mich nicht gefragt, ob ich hier sprechen will. Aber man hat mich gefragt, und ich empfinde es als meine staatsbürgerliche Pflicht, es zu tun. Wie leicht wäre es, all die Standards von »Nie-Wieder!« bis zu »Nie-Vergessen!«, diese zu Phrasen geronnenen Betroffenheiten aneinanderzuhängen, wie es für Schulaufsätze vielleicht empfohlen wird, um eine gute Note zu bekommen. Aber dazu müsste man so tun, *als ob*. Das kann ich nicht und will ich auch nicht, schon gar nicht an diesem Tag, schon gar nicht bei so einer Zusammenkunft. Ich möchte den Opfern, die mithilfe der Recherchen und der Erzählungen der Schüler und mit Ihrer und meiner Einbildungskraft zu mir und zu Ihnen sprechen und mir zuhören, ihnen möchte ich in die Augen sehen können – und auch mir selbst.

Mehr habe ich nicht zu sagen.

*Rede am 4. Mai 2018 in der Wiener Hofburg
zum Gedenktag gegen Gewalt und Rassismus*

Sehr geehrte Damen und Herren,

der Schriftsteller stellt sich vor, was sein könnte. Er imaginiert. Das tut jeder Mensch. Der Schriftsteller tut es in einem Buch, damit seine Vorstellungen in die Welt hinausgehen, und er tut es beruflich. Es ist sein Beruf, und manchmal ist es seine Berufung. Jedes Buch ist ein Blick in den Kopf eines Menschen, und dort lebt und webt eine ganze Welt. Wenn ein Mensch stirbt, stirbt eine ganze Welt. Und wenn niemand da ist, der an diesen Menschen erinnert, dann ist es, als ob er ein zweites Mal stirbt. Bücher sind dazu da, um uns beim Erinnern zu helfen. Ich möchte an dem Tag, an dem wir uns an die Verbrennung von Büchern erinnern sollen, an ein Kind erinnern.

Elfriede Frischmann wurde am 10. November 1933 geboren. Bis zu ihrem sechsten Lebensjahr lebte sie mit ihren Eltern Geza und Ella Frischmann in St. Pölten in der Franziskanergasse. Bald übersiedelte die Familie nach Wien in den 1. Bezirk, in die Dorotheergasse 6/13. Am 26. Jänner 1942 wurden Elfriede und ihre Eltern nach Riga deportiert und kurz nach der Ankunft ermordet. Elfriede Frischmann hat neun Jahre gelebt.

Mehr weiß ich nicht über dieses Kind. Von den Eltern weiß ich nur die Namen. Elfriede ist siebzehn

Jahre jünger als meine Mutter und elf Jahre jünger als mein Vater. Mein Vater wurde zweiundsechzig Jahre alt, meine Mutter zweiundsiebzig. Sie hatten kein abenteuerliches Leben, aber ein gutes Leben. Sie konnten zusehen, wie Hoffnungen erfüllt wurden, wie Illusionen sich in Luft auflösten. Wenn man ihr Lachen und ihr Weinen messen könnte, würden sie Wochen füllen, vielleicht Monate. Sie hatten Zeit, über so vieles zu staunen, und konnten ihr Staunen an meine Schwester und mich weitergeben. Sie hatten genügend Zeit, um etwas Böses zu tun, und hatten genügend Zeit, um sich dafür zu entschuldigen und es wiedergutzumachen. Sie hatten genügend Gelegenheit, Gutes zu tun, und sie haben die Gelegenheit genützt. Elfriede Frischmann hat nur neun Jahre gelebt. Und alles, was ich über sie weiß, ist in sieben Zeilen gesagt.

Es gibt ein Bild von Elfriede Frischmann, ein einziges Bild, eine Fotografie. Das Mädchen schaut mir direkt in die Augen. Ich denke, es ist auf dem Bild nicht älter als vier Jahre. Die kleine Elfriede weiß nicht, dass ein Bild von ihr gemacht wird. Vielleicht hat ihr Vater, vielleicht hat ihre Mutter zu ihr gesagt: »Und nun, Elfriede, halte still, schau uns an und halte still.« Ihr Mündchen ist ein wenig offen, sie staunt, ist neugierig und will gehorchen. Ein rundes Gesichtchen hat sie. Die Haare sind auf der Stirn zu einem Pony geschnitten. Sie trägt ein ärmelloses Kleid mit Blumenmuster. Das Foto ist wohl im Sommer gemacht worden. Die molligen Ärmchen hält sie verschränkt. Dann sagt die Mutter oder der Vater: »Das hast du gut gemacht, Elfriede, sehr gut hast du das gemacht.« Und sie läuft auf die beiden zu und lacht und kichert, weil sie ihr Vater am Rücken kitzelt. Nach einer kleinen Zeit holen die Mutter oder der Vater das Bild beim Fotografen ab und zeigen es ihrem Töchterchen. »Das bist du, schau doch, Elfriede.« Und das Mädchen schüttelt den Kopf. Sie weiß ja nicht, wie sie aussieht. Es interessiert sie doch nicht, wie sie aussieht. Oder doch?

Im Talmud und im Koran heißt es in ähnlichem Wortlaut: »Wer einen Menschen tötet, für den soll es sein, als habe er die ganze Menschheit getötet. Und wer einen Menschen rettet, für den soll es sein, als habe er die ganze Welt gerettet.«

Nach dem 20. Jahrhundert ist uns kein Begriff des Bösen mehr geblieben, erst recht nicht eine archetypische böse Figur. Mephisto hat jeden Schrecken verloren, die Ungeheuer an den mittelalterlichen Kathedralen ebenso. Es ist uns keine unheimliche Vision geblieben, der wir entgegentreten könnten als etwas Fremdem, dem die Verworfenheit im Gesicht abzulesen ist, etwas Fremdem, das anders aussieht als wir. Selbst die schrecklichen Aliens aus den Werkstätten von Hollywood haben uns nie wirklich erschrecken können und waren doch erfunden worden, um den Schrecken mit dem Schrecken zu beschwichtigen. Wir sind begriffslos, seit wir das Böse nicht mehr von dem unterscheiden können, das uns ansieht, wenn wir in den Spiegel schauen. Im Gesicht von Adolf Eichmann ist nur Harmlosigkeit auszumachen, nichts als langweilige, humorlose Harmlosigkeit. Nun wissen wir es fest: Das Böse ist banal, wie Hannah Arendt schrieb. Aber diese Erkenntnis entsetzte uns nicht so sehr wie jene, die uns zugleich erreichte, nämlich, dass wir es immer schon wussten. Die Teufel, die wir erfunden hatten, dienten tatsächlich der Beschwichtigung und der Ablenkung. Die Teufel, die uns in der Literatur, in Märchen und Sagen begegnen, diese luziden Ungeheuer, sie wären angesichts des banalen Bösen nicht weniger erschrocken als wir einst vor ihnen.

Dies waren lange Zeit meine Gedanken, nachdem mir mein Vater das Buch *Der gelbe Stern* gegeben hatte. Zum ersten Mal sah ich Bilder von der Shoah. Ich war fünfzehn. Die Bilder der Halden von Leichen, die mit dem Caterpillar in Massengräber geschoben wurden, mochte ich nicht anschauen, ich ertrug es nicht, sie anzuschauen; und die Bilder der Überlebenden, ausgemergelt und verzerrt bis ins Monströse, auch diese Bilder mochte ich nicht ansehen, ich ertrug es nicht. Sie waren Helden, allein, weil sie Opfer waren. So, dachte ich, sehen die Helden unserer Zeit aus. Über mich wusste ich, dass ich kein Held bin. Mit den Opfern konnte ich mich nicht identifizieren. Ihr Leid war zu groß für mich. Also suchte ich in den Gesichtern der Täter, der Lageraufseher und -aufseherinnen, im Gesicht von Rudolf Höss, der konzentriert über Kopfhörer seinem Prozess lauscht, im Gesicht von Heinrich Himmler. Aber was suchte ich? Es waren verbitterte

Gesichter, hämische Gesichter, böse Gesichter, und es waren harmlose Gesichter. Nichts in diesen Gesichtern wies über das Menschliche hinaus. Ich wusste, wenn ich verbittert war, wenn ich hämische Gedanken hegte, wenn ich auf jemanden böse war, würde mein Gesicht nicht anders aussehen. Das Ungeheuerliche, Unvergleichliche hatte in den Gesichtern dieser Menschen keine tiefen Spuren hinterlassen. Dorian Gray im gleichnamigen Roman von Oscar Wilde behält sein reines Gesicht, während sein gemaltes Portrait alle Spuren des Bösen, das er begeht, aufweist; und das Böse, das er begeht, ist doch nur ein bisschen im Vergleich zu ...

Und dann hörte ich auf, mich mit den Tätern zu beschäftigen. Schwarze Heldenverehrung wollte ich nicht betreiben. Aber wie sollte ich mich erinnern an jene, die ausgelöscht wurden? Was sind das für Zeiten, wo die Erinnerung an einen Menschen ersetzt werden muss durch die Imagination, wo die Frage »Wer war er?« ersetzt werden muss durch die Frage »Wer hätte er sein können, wenn nicht ...?«

Wer hätte Elfriede Frischmann sein können?

Elfriede Frischmann ist neun Jahre alt geworden. Zu ihrem zehnten Geburtstag hätte sie vielleicht ein kleines Fest gegeben und ihre neue Mitschülerin eingeladen, die erst vor Kurzem mit ihren Eltern vom Land in die Stadt gezogen war. »Lade sie doch ein«, hätte vielleicht ihre Mutter oder ihr Vater gesagt. »Sie hat keine Freundin, und du hast selber gesagt, dass sie nett ist.« Und dann hat das Mädchen vom Land, das sich vor nichts zu fürchten braucht, weil sich in der Welt, die der Schriftsteller imaginiert, niemand vor niemandem fürchten muss, dann hat dieses Mädchen einen Kuchen mitgebracht, den seine Mutter gebacken hat, weil sie sich wünscht, dass ihr Kind eine Freundin findet. Immer fürchtet man sich.

Vor irgendetwas fürchtet man sich immer. Und ganz kann auch der Erzähler die Furcht nicht aus der Welt hinauserzählen. Aber am zehnten Geburtstag von Elfriede sitzt eine Schar Kinder um den Tisch in der Dorotheergasse 6/13 im 1. Wiener Gemeindebezirk, der Kuchen wird angeschnitten, die Stücke werden verteilt, und keines der Kinder hat in diesem Moment Grund, den Tod zu fürchten – dafür steht der Erzähler mit seinem Wort. Und wenn er die Macht hätte zu zaubern, er würde einen Moment an den nächsten knüpfen, bis dreiundsiebzig Jahre vergangen und die Geschichte und die Geschichten beim heutigen Tag angekommen wären und Elfriede Frischmann eine alte Frau geworden wäre, die unter uns säße und viel zu erzählen hätte, von ihren Hoffnungen und Illusionen, von manchem Bösen, das sie getan und wiedergutgemacht, und von den Gelegenheiten, Gutes zu tun, die sie ergriffen hatte. Wenn man ihr Lachen und ihr Weinen messen könnte, würden sie Wochen, vielleicht Monate füllen. Und vielleicht wäre es gar nicht wichtig, ob mehr Lachen oder mehr Weinen gewesen ist, denn beides gehört ja zum Leben. Und wie gemütlich und zugleich weise wäre es doch, diese Binsenwahrheit aussprechen zu dürfen nach einer langen Zeit, in der keine böse Gewalt diesem Menschen etwas anhaben konnte.

Wo nicht erzählt wird, wird vergessen. Wer das Erzählen aufgibt, begeht Selbstauslöschung. Und wer das Erzählte, das Erdichtete, das Buch verbrennt, der will auch noch das Gedächtnis an den löschen, den er bereits ausgelöscht hat. Hat Elfriede Frischmann nicht Hände, Gliedmaßen, Werkzeuge, Sinne, Neigungen, Leidenschaften? Wenn man sie sticht, blutet sie nicht? Wenn man sie kitzelt, lacht sie nicht?

Jedes Wort ist zugleich ein Zuwenig und ein Zuviel. Aber wir haben nur Worte, Worte, Worte.

Rede am 30. April 2018 in Salzburg zur Einweihung des Mahnmals zur Erinnerung an die Bücherverbrennung im Jahr 1938

Sehr verehrte Damen und Herren,

Moral und Menschlichkeit scheinen unter *einem* Gott leichter zu gedeihen als unter vielen. Der hebräische und der christliche Gott sagen ziemlich klar, was sie von uns erwarten. Wir haben die Zehn Gebote und die Evangelien. Sie schaffen einen Umriss dessen, was unter Humanität zu verstehen ist. Die Menschen zur Zeit des Homer hatten es schwerer. Göttliches Wort gab es nicht, es gab göttliche Worte, und zwar ebenso viele, wie es Götter gab. Wer Apoll anhing, musste gewärtig sein, mit Zeus in Konflikt zu geraten, wer Hephaistos recht gab, hatte wenigstens einmal Pallas Athene gegen sich, die Verehrer und Verehrerinnen von Aphrodite durften mit Gegenmaßnahmen von Hera rechnen. Moralische Richtlinien von oben hatten wenig Autorität, weil sich die Götter selbst nicht darum scherten. Deshalb – da dürfen wir, die wir die Antike lieben, uns nichts vormachen – lassen sich nur wenige Beispiele von Menschenliebe, überhaupt von Liebe, in den Erzählungen des Mythos finden. Hass, Rache, Grausamkeit, Vergewaltigung – davon erfahren wir viel. Wir sehen, wie schwer es ist, Moral und Menschlichkeit zu entwickeln, wenn es der Mensch, auf sich gestellt, allein tun muss. Aber wir sehen auch, dass es möglich ist.

Im 24. Gesang der Ilias, dem letzten, wird erzählt, wie Priamos, der alte König von Troja, sich in das feindliche Lager der Griechen begibt und das Zelt des Achill betritt, um den schrecklichsten aller Helden zu bitten, ihm den Leichnam seines Sohnes Hektor herauszugeben, damit er ihn würdig bestatten kann. Achill hat Hektor in rasendem Zorn erschlagen, weil dieser seinen liebsten Freund Patroklos im Kampf getötet hat. Zwei Männer stehen einander gegenüber, das Herz beider ist verwüstet vom Schmerz. Der eine, Priamos, ist als Vater des Hektor ursächlich für den Schmerz des anderen. Der andere, Achill, ist die Ursache für den Schmerz des Priamos. Nach allem, was wir von Homer gewohnt sind, müssen wir auf ein Blutfest aus Hass und Rache gefasst sein. Aber Homer ist einer der größten Dichter des Abendlandes, und das beweist er – wieder einmal –, indem er unsere Erwartung durchkreuzt und damit zu unserer Selbsterkenntnis beiträgt. Beide, Achill und Priamos, wissen in diesem Augenblick, dass es niemanden auf der Welt gibt, der ihren Schmerz verstehen kann, außer: der jeweils andere.

Ich zitiere aus Schadewaldts Übersetzung:

Und die beiden dachten: der eine an Hektor, den männermordenden,
Und weinte häufig, zusammengekauert vor den Füßen des Achilleus,
Aber Achilleus weinte um seinen Vater, und ein andermal wieder

Um Patroklos, und ein Stöhnen erhob sich vor ihnen durch das Haus.
Doch als sich der Klage ergötzt hatte der göttliche Achilleus,
Und ihm das Verlangen gegangen war aus der Brust und aus den Gliedern,
Erhob er sich sogleich vom Stuhl und hob den Alten auf an der Hand,
Sich erbarmend des grauen Hauptes und des grauen Kinns,
Und begann und sagte zu ihm die geflügelten Worte:
»Ach, Armer! Ja, schon viel Schlimmes hast du ausgehalten in deinem Mute!
Wie hast du es gewagt, zu den Schiffen der Achaier zu kommen, allein,
Unter die Augen des Mannes, der dir viele und edle Söhne erschlug. Von Eisen muss dir das Herz sein!
Aber komm! Setze dich auf den Stuhl, und die Schmerzen wollen wir gleichwohl
Ruhen lassen im Mut, so bekümmert wir sind,
Ist doch nichts ausgerichtet mit der schaurigen Klage.«

Das ist vielleicht ein Minimalprogramm an Menschlichkeit: den Schmerz im anderen zu erkennen und anzuerkennen, den Schmerz von seiner Ursache abzulösen und zu trauern. Sich des anderen zu erbarmen heißt, das gemeinsame Los aller Sterblichen an sich selbst zu erfahren. Und das ist dann doch mehr als ein Minimalprogramm. Das ist ein fester, pragmatischer Boden für

Humanität. Vielleicht fester als die Aufforderung des Evangeliums, den Nächsten zu lieben wie sich selbst, wo wir es doch kaum schaffen, uns selbst zu lieben.

Dankesrede bei der Verleihung des
Humanismus-Preises 2014 in Innsbruck

Sehr geehrte Damen und Herren,

zu keiner Zeit und bei keiner Tätigkeit denke ich weniger in politischen Kategorien, als wenn ich schreibe. Das Letzte, was mich beim Schreiben interessiert, ist Politik. Deshalb werde ich meinen Vortrag mit einem Eingeständnis beginnen: Ich habe das Thema verfehlt. Ich verfüge nämlich nicht über den politischen Schriftstellerblick, über den zu sprechen mich der Veranstalter gebeten hat. Wenn ich politisch blicke, dann bin ich kein Experte – als solcher bin ich hier ja wohl eingeladen worden –, sondern Bürger, nicht mehr und nicht weniger; kein besonders wacher Bürger übrigens, wankelmütig, urteilsunsicher, voller Zweifel, allerorts mit der eigenen Uninformiertheit und Ungebildetheit konfrontiert, schwankend zwischen schmachtender Mediengläubigkeit und anarchistischer Garnichtsgläubigkeit, gegen Vorurteile kämpfend wie gegen Windmühlen. – Als Schriftsteller verbiete ich mir den politischen Blick.

Im eigentlichen Leben, nämlich dem täglichen, das zwischen Aufschlagen der Augenlider am Morgen und dem Schließen derselben am Abend stattfindet, ist das Weltgeschehen in Wahrheit nichts weiter als eine Fußnote. Auch wenn die Politik Herzen bricht, weil

Familien auseinandergerissen oder Söhne in der Ferne getötet werden, dann wäre es dennoch absurd, von einem politischen Schmerz zu sprechen. Denn Schmerz ist Schmerz, und vorgesetzte Adjektive können weder trösten noch das ungustiöse Pathos der Propaganda je ganz verbergen. Es gibt nichts Abgeschmackteres, als wenn man politischen Opfern politisch kommt. Über das Leid, das Politik angerichtet hat, haben Gebete hinweggetröstet, Lieder, Sonaten, Romane, Gedichte, Märchen, Songs und Rockmusik, aber sicher nicht politische Reden.

Ein Schriftsteller ist ein Experte, und zwar ein Experte im Privaten, seine Zeit ist die Vergangenheit, seine Tonart die einer Beschwörung, und die Beschwörungsformel lautete immer: Es war einmal ...

Ich möchte deshalb meinen Vortrag umbenennen in: *Der traurige Blick in die Weite.* Und beginnen möchte ich mit ebendieser Formel:

Es war einmal eine junge Frau, die lebte während des Zweiten Weltkriegs in der oberfränkischen Stadt Coburg, und diese Frau liebte es zu gehen. Und sie ging schnell. Langsam gehen macht müde, sagte sie. Tagelang ging sie die Umgebung ihrer Heimatstadt ab. Sie liebte es, allein zu gehen. Es war ihr lästig, wenn sich jemand anbot, sie zu begleiten. Denn niemand ging ihr schnell genug. Sie wollte denken und träumen. Krieg herrschte, da hat der Konjunktiv Konjunktur.

Die Umgebung von Coburg ist hügelig, an man-

chen Stellen reißen weiße Felsen aus dem Boden. Dort machte die Frau Rast, kühlte sich ab, trat wieder in die Wirklichkeit ein. Beobachtete die Eidechsen und die Salamander. Es ist ein romantisches Land, dieses Oberfranken, ein Land für vergrübelte, weltfremde Menschen, so deutsch wie nur wenige andere Gegenden in Deutschland, so deutsch wie das beste Vorurteil. Jean Paul hat hier gelebt, hat hier seine provinziellen, welthaltigen Romane geschrieben; Friedrich Rückert hat hier gelebt, hat hier von einer weltweiten friedlichen Durchdringung der Kulturen geträumt. Deutsche Winkeligkeit und Ironie fanden hier ihren Boden, und es wuchsen die schönsten Blumen daraus. Und so eng heimatlich diese Weltsicht einerseits war, immer war sie vermählt mit Fernweh. Es ist viel darüber nachgedacht worden, ob das deutsche romantische Heimweh nicht eigentlich Fernweh und umgekehrt ob wiederum das Fernweh nicht eigentlich Heimweh sei; Heimweh nach einer verlorenen Zeit allerdings, genau genommen nach einer Zeit, die es nie gegeben hat; die in den Märchen der Brüder Grimm mehr Realität für sich beanspruchen kann als in der Wirklichkeit – Wirklichkeit hinter den sieben Bergen ...
Die junge Frau wanderte durch die Laubwälder Oberfrankens und über die Wiesen, und der Friede der Landschaft und die Verschwärmtheit ihres Herzens passten nicht zur Politik ihrer Zeit. Sie verachtete die Politik. Sie fürchtete sich davor. Sie schämte sich für sie. Angesichts eines Salamanders erschien ihr Politik

Zeitverschwendung und verantwortungslose Gleichgültigkeit gegenüber der Schöpfung. Aber die Politik scherte sich nichts um Naturliebe und Traumschwärmerei einer jungen Frau. Mit den Nazis wollte die junge Frau nichts zu tun haben. Sie wollte nicht einmal an sie denken. Es war für ihre Seele gesünder, nicht daran zu denken. Bevor sie eine Stelle in der Handwerkskammer bekommen hatte, war sie Sekretärin eines jüdischen Notars gewesen.

Sie las Goethes Faust. Das Buch war Trost für sie. Sie konnte sich nicht vorstellen, dass der Unmensch dieselben Zeilen lesen mochte. Der Faust würde ihr ein Leben lang Trost sein. Viele Verse konnte sie auswendig. Es war ihr geheimer Ehrgeiz, eines Tages den ganzen Faust auswendig zu können, den ersten Teil und den zweiten Teil. Besonders liebte sie den zweiten Teil. Auf ihren Wanderungen hatte sie Brot bei sich, Wurst vielleicht, hart gekochte Eier manchmal, eine Wasserflasche, einen Apfel – und den Faust. Den Rucksack aus grobgrünem Leinen sollte sie ebenfalls ein Leben lang behalten.

Dann ließ sich der Krieg nicht mehr ignorieren. Bomben fielen auf deutsche Städte. Dem Geist wurde die Seele genommen. »Die Deutschen haben sich mit dem Teufel an den Tisch gesetzt und haben nicht bedacht, dass der Teufel einen langen Löffel hat«, sagte die Frau später, als der Krieg vorbei war. Immer wieder sagte sie diesen Satz. Da wollte sie nichts mehr wissen von Deutschland. Deutschland war ihr nur noch, was es vor dem Krieg gewesen war. Sie beschrieb es wie ein Märchenland. Gegenwart gab es für Deutschland nicht mehr.

Die Bomben fielen, sie fielen auf das nahe Schweinfurt, auf Nürnberg, wo Verwandte lebten. Die Stadt Hamburg im Norden, so hörte man, die soll es gar nicht mehr geben. Für den Norden hatte sich die Frau nie sonderlich interessiert. Die Richtung ihrer Sehnsucht war der Süden. Italien. Jenseits der Berge ...

Bei Bombenalarm, wenn alle in die Keller flüchteten, spazierte die Frau durch die menschenleere Stadt Coburg. Da zügelte sie ihren Schritt zu einem Schlendern. Die Sterne sollten sehen, dass sie keine Angst hatte. »Ach«, sagte sie, »die Alliierten werden Coburg nichts tun, dafür werden die Engländer schon sorgen. Die Engländer sind doch verwandt mit uns.« Und sie hatte recht. Es fielen keine Bomben auf ihre Heimatstadt. Später sagte die Frau: »Nie war Coburg so schön wie während der Bombenalarmnächte.« Die Frau war eine leidenschaftliche Spaziergängerin, aber erst in der Gefahr der Bombennächte hatte sie gelernt, langsam zu gehen.

Coburg war eine protestantische Stadt, und die Frau war katholisch. Sie war sehr katholisch. Sie war über alle Maßen katholisch. Sie kannte viele Geschichten von Heiligen. Sie kannte ihre Zuständigkeit. Ihr Wunschtraum war, irgendwann einmal eine Pilgerreise nach Rom zu machen. Sie wollte den Heiligen Vater sehen. Natürlich wollte sie den Heiligen Vater sehen, das will jeder Katholik in der Diaspora. Das war das Ziel. Aber eigentlich ging es ihr um den Weg. Eine Pilgerreise definiert sich zwar durch das Ziel, ihr Zweck aber liegt im Weg.

Die Frau wollte, das war ihr schönster Traum, sie wollte zu Fuß über die Alpen gehen. Wollte den Faust mitnehmen und ihn unterwegs auswendig lernen. Davon träumte sie. Sie sah sich zwischen den weißen Dolomiten stehen, die aussahen wie die Wolkenkratzer der fernen amerikanischen Städte, sie sah sich, einen Fuß auf einen Felsbrocken gestützt, laut aus dem Faust zitieren, so laut, dass die herrlichen Berge widerhallten.

Sie stellte Berechnungen an. Wie viel Zeit würde so eine Reise benötigen? Würde man ihr bei der Handwerkskammer so lange unbezahlten Urlaub geben? Würde sie nach ihrer Rückkehr aus Rom dieselbe Stelle wieder bekommen? Ihr Chef war kein Nazi, er schwieg nur und zog die Brauen nach oben. Sie sprach mit ihm. Er sagte: »Da muss man schauen, man wird etwas finden, es muss ja nicht gleich morgen sein, oder?« – »Nein, morgen nicht«, sagte die Frau. – »Und warum gerade Rom?«, fragte er. Da antwortete sie vorsichtig: »Eigentlich die Alpen, die Alpen locken mich, Herr Ortmann.« – Die Pilgerreise über die Alpen nach Rom wurde zu einer fixen Idee.

Dann lernte die Frau einen Soldaten kennen. Der Mann war sieben Jahre jünger als sie, und er stammte aus Österreich. Aus den Bergen. Das war sicher ein Bonus für ihn. Sie sahen sich nur wenige Tage, dann musste er zurück in den Krieg. Sie schrieben einander Briefe. Hundertdrei Briefe sie, er vierundachtzig. Dann heirateten sie, er in Uniform, sie in Weiß. Sie hatten sich erst wenige Tage in ihrem Leben gesehen, aber der Krieg hatte es eilig, und darum hatten es die beiden eben auch eilig.

Dann ging der Krieg zu Ende, und nichts mehr war so, wie es vorher gewesen war, auch die Träume waren nicht mehr so, wie sie vorher gewesen waren. Heimweh und Fernweh brachen aus ihrer Umarmung, deutsches Ideal und deutsche Wirklichkeit waren von nun an auf immer getrennt. Das Land des Jean Paul, des Friedrich Rückert, der Brüder Grimm, das Land Goethes, es hatte sich endgültig von der Wirklichkeit abgewandt. In der Wirklichkeit gab es Romantik und Poesie nicht mehr. Die Städte waren zerstört. Die Seelen waren zerstört.

Die Frau hörte nichts von ihrem Mann. Sie wusste nicht, ob er gefallen war, ob er offiziell als vermisst galt, ob er sie vergessen hatte. Sie hatte ihn nicht vergessen. Der Faust war Trost. Sie las ihn leise. Heimlich. Als wäre er eine unanständige Lektüre.

Dann erfuhr sie, dass ihr Mann nach Österreich zurückgebracht worden war. Sie machte sich auf den Weg. Erst durfte sie nicht nach Österreich einreisen. In München lebte sie ein gutes Jahr, dann ging sie zu Fuß von München zur österreichischen Grenze bei Bregenz.

Sie erinnerte sich an die Wanderungen durch Oberfranken. Die waren in einer anderen Welt gewesen.

Und nun – für wenige Tage war die deutsche Romantik wieder stark. Später wird sie sagen: Der Fußmarsch von München zur österreichischen Grenze sei die schönste Zeit in ihrem Leben gewesen. Sie war eine fröhliche, eine optimistische Frau. Wenn sie zurückblickte, gab es nur schöne Zeiten in ihrem Leben. Ebenso wie sie nur Lieblingsspeisen kannte.

Als sie so an der Straße von München zum Bodensee entlangging, dachte sie bei sich: Wenn ich meinen Mann, den ich, wenn ich ehrlich bin, ja überhaupt nicht kenne, wenn ich ihn nicht finde, dann gehe ich einfach weiter, gehe über die Alpen, gehe nach Rom.

Den Faust hatte sie bei sich, den hatte sie, als sie Coburg verlassen hatte, in ihren Rucksack gesteckt. Alles ist verloren, dachte sie, über meine Stelle bei der Handwerkskammer brauche ich mir keine Gedanken zu machen. Nie wieder wird eine so gute Gelegenheit sein, einen Traum zu verwirklichen, denn es gibt nichts, worauf man Rücksicht nehmen muss.

Sie fand ihren Mann, musste ihn erst kennenlernen, lernte ihn kennen – und nahm Rücksicht.

Meine Mutter war eine sehr kleine Frau. Sie behauptete immer, sie sei einen Meter fünfzig groß. Wir aber wussten, sie ist nicht ganz einen Meter fünfzig groß. Wir haben ihr nie widersprochen.

Meine Mutter hatte eine Eigenschaft, die war bei ihr besonders ausgeprägt, und die hat manche Menschen arg in Verlegenheit gebracht. Meine Mutter war der freigebigste Mensch, der sich denken lässt, und jeder, der ihr näher kam, der mit ihr gelacht hat, der sich ihre deutschen Geschichten von vor dem Krieg angehört hat, der in den Genuss ihrer Kuchen gekommen war, der hat sich davor gehütet, etwas in unserem Haus schön zu finden, sei es eine Vase, sei es ein Kopfkissenbezug, sei es ein Bilderrahmen, denn sie hat es ihm sofort geschenkt. Dass Kinder von vornherein davon ausgehen, dass alles, was der Mutter gehört, auch ihnen gehört, das ist bekannt. So kam es, dass meine Mutter, außer der alten, fleckigen Faust-Ausgabe, nichts besaß. Alles haben meine Schwester und ich ihr abgeluchst. Vor dem Faust hatten wir Respekt. Ein aufgequollenes Buch.

Ich glaube, abgesehen von diesem Buch gab es nichts, was meine Mutter als ihr Eigentum empfand – außer einem, und das bezeichnete sie als »meine Krankheit«. Meine Mutter saß im Rollstuhl.

Ich kannte meine Mutter nur an Krücken gehend oder mit einem Stützapparat oder im Bett liegend oder sitzend im Rollstuhl. Zu meiner Beschämung muss ich sagen, ich wusste nie ganz genau, was sie hatte, was es für eine Krankheit war, die sie am Gehen hinderte.

Was war geschehen, dass sie nicht mehr gehen konnte, sie, die so viele Wege Oberfrankens gegangen war, so schnell gegangen war, dass ihr niemand folgen konnte, die erst in der Gefahr gelernt hatte, langsam zu gehen, die zu Fuß von München nach Vorarlberg gegangen war, die über die Alpen nach Rom hatte gehen wollen, um den Papst zu besuchen, was war geschehen? Ich wusste es nicht. Das wurde bei uns zu Hause nie besprochen. Ich habe nicht das Gefühl, dass es verschwiegen wurde; nein, mir kommt vor, als habe nie eine Notwendigkeit bestanden, jedenfalls nicht für uns Kinder, darüber nachzudenken oder nachzufragen.

Das Verhalten meiner Mutter war nämlich so, dass ich ihre Behinderung nie als eine Krankheit begriffen habe. Sie sprach über ihre Krankheit, nicht über deren Ursache, das nicht, aber darüber, wie sie mit der Krankheit umging. Sie war stolz darauf, dass sie die Krankheit meisterte und nicht umgekehrt, sie sprach gern darüber, wie die Krankheit schließlich überwunden werden würde, darüber sprach sie am liebsten. Sie glaubte nicht daran, dass sie immer, ein Leben lang, auf Krücken, Stützapparat oder Rollstuhl angewiesen sein würde.

Die Wahrheit lautet: Meine Mutter war stolz auf ihre Krankheit. Nichts besaß sie, kein Stück Eigentum hatte sie, nur diese Krankheit. Und ihren Kampf dagegen. Und die vielen Siege. Wenn jemand zu Besuch war, und er war länger als zwei Stunden bei uns, und er hat meine Mutter nicht gefragt, warum sie im Rollstuhl sitze, dann hat sie das hinterher als eine Unhöflichkeit empfunden. Sie hat hinterher gesagt, er hat mich nicht einmal gefragt, warum ich im Rollstuhl sitze.

Einmal habe ich mit ihr gemeinsam den Frankfurter Zoo besucht. Es fing an zu regnen, und wir stellten uns im Giraffenhaus unter und warteten, bis der Regen vorbei war. Meine Mutter saß im Rollstuhl, eine Decke über den Knien. Die Giraffe beugte ihren Kopf zu ihr nieder und betrachtete sie, und da habe ich gesehen, dass meine Mutter dem Weinen nahe war. Als es dann zu regnen aufgehört hatte, fuhren wir zum Flughafen hinaus, da ging es ihr dann wieder gut, und als ich sie im Rollstuhl über die Rolltreppe hinaufhievte, da lachten wir beide über das Wortspiel Rollstuhl auf Rolltreppe so sehr, dass sich die Leute nach uns umdrehten.

Meine erste Erinnerung, eine schattenhafte Erinnerung, zeigt mir meine Mutter als Gehende. Diese Erinnerung ist wie ein Traum, wankend, wie auf Qualm projiziert. Es war Winter. Wir sind durch den Schnee spaziert. Sind wir durchs Ried gegangen? Oder waren wir in den Bergen? Ich weiß es nicht. Meine Schwester muss dabei gewesen sein, sie ist eineinhalb Jahre älter als ich, mein Vater war dabei. Es ist, als schaute ich durch ein Fenster und sähe Schatten im Schnee. Mein Vater sagte zu uns Kindern, er folge der Spur des heiligen Nikolaus, wir sollten hinter ihm hergehen. Meine Mutter hielt uns an den Händen. Es gibt ein Foto von meiner Mutter, da steht sie im Schnee, sie hält den Kragen ihres Mantels mit einer Hand fest, auf dem Kopf trägt sie eine gescheckte Pelzmütze aus Katzenfell. So wird sie damals ausgesehen haben, denke ich mir. Nach einer Weile kam der Vater zurück, sagte, er habe die Spur des Nikolaus verloren. Meine Mutter kicherte. Wir gingen weiter. Da war ein Holzschopf. Hier, sagte mein Vater, hier habe er die Spur des Heiligen verloren.

Wir betraten den Schopf, und mitten vor uns auf dem Boden lagen zwei kleine Tafeln Suchard-Schokolade. Meine Mutter hob sie auf und sagte zu meinem Vater und lachte dabei: »Die sind ja noch warm, du.«

Ich weiß, es ist eine unbedeutende Erinnerung, sie hat weder symbolisches Gewicht, noch ist das Geschehnis in irgendeiner Weise für das Leben eines der Beteiligten von Bedeutung. Es ist eine Geschichte ohne Pointe. Aber es ist die erste Erinnerung in meinem Leben, und es ist die einzige Erinnerung an meine Mutter als eine ohne Hilfsmittel gehende Frau.

Die Mutter auf Krücken, die Mutter am Stützapparat, die Mutter im Rollstuhl – das war in meiner Kindheit die Selbstverständlichkeit unseres Alltags. Erst nach ihrem Tod, als auch die Selbstverständlichkeit ihrer Krankheit nicht mehr war, habe ich mich erkundigt, was es mit der Krankheit, mit der Gehbehinderung meiner Mutter auf sich gehabt hatte. Da erfuhr ich zunächst, was für eine springlustige Person sie in ihrer Jugend gewesen war. Keine fünf Minuten habe sie ruhig sitzen können, erzählte ihre Schwester. Ja, und sie erzählte auch, dass meine Mutter schon als junges Mädchen den Wunsch gehabt habe, über die Alpen nach Rom zu gehen. Nach Rom! Meine Tante konnte sich sogar nach dem Tod ihrer Schwester noch darüber aufregen. »Über die Alpen«, rief sie aus. »Die Alpen, was hat sie sich denn darunter vorgestellt!«

Ich erfuhr, dass die Gehbehinderung meiner Mutter von der Geburt ihres letzten Kindes herrührte. Darüber war in unserer Familie zu Lebzeiten meiner Mutter nie gesprochen worden. Bei der Geburt ihres letzten Kindes sei etwas geschehen, hieß es, was zur Folge hatte, dass meine Mutter nicht mehr gehen konnte.

Diese Nachricht traf mich. Das letzte Kind war ich. Es war, als wehte mich der Hauch eines bösen Geheimnisses an.

Mir kam zu Bewusstsein, dass ich als Kind die Krankheit meiner Mutter nicht nur als Selbstverständlichkeit, sondern sogar als eine Form von Sicherheit, von Geborgenheit, von höchster Zufriedenheit gesehen hatte. Nie hätte unsere Mutter von uns davonlaufen können. Nichts auf der Welt war mir je so sicher gewesen wie meine Mutter. Trotz der ersten, wankenden, aus Träumen erstandenen Erinnerung an den Schneespaziergang hatte ich die Krücken, den Stützapparat, den Rollstuhl als von Ewigkeit an für meine Mutter bestimmte Dinge gesehen. Für das Kind war ohne Zweifel, dass die Mutter ewig nicht gehen werden könne. Dass also ihre Behinderung keine Ursache hatte. Dass sie gegeben war wie Gottes Gnade. Und nun musste ich denken: Es gibt doch eine Ursache. Ich war die Ursache.

Dann wurde mir erklärt, nein, nicht ich sei das letzte Kind gewesen, sondern ein anderes Kind, das nach der Geburt gestorben sei, ein namenloses Kind.

Nie war mir meine Familie geheimnisvoll erschienen. In unserer erzählsüchtigen Familie, so war mir immer vorgekommen, drängte alles danach, ausgesprochen zu werden, ausgeschmückt zu werden. Meine Mutter trug ihr Herz auf den Lippen. Wenn sie zornig war, brüllte sie, dass man es drei Häuser weit hören konnte; wenn sie weinte, dann weinte sie mit allen Tränen zugleich; wenn sie lachte, dann konnte niemand etwas dagegenhalten. Und nun, nach ihrem Tod, erfuhr ich, dass es Geheimnisse gab, dass es schon seit Anfang an, seit meinem Anfang an, Geheimnisse gegeben hatte.

Was hatte ich denn erwartet? Dass der Verlust ohne Katastrophe geschehen war?

Alle vier Jahre fuhren meine Mutter und mein Vater nach Lourdes. Es war kein Gehen über die Berge, nein, keine Pilgerreise nach Rom mit dem Faust im Rucksack. Es war eine Art Vorarbeit zu dieser großen Lebensarbeit, ja, vielleicht hat meine Mutter die Lourdes-Fahrten so gesehen.

Meine Mutter glaubte, in Lourdes werde sie von ihrer Krankheit geheilt. Wenn sie auf der Terrasse unseres Hauses in Hohenems saß, dann wollte sie, dass man ihr den Sessel so richtete, dass sie die Hohe Kugel sehen konnte. Die Hohe Kugel ist unser Hausberg. 1664 Meter hoch, geformt wie ein sanfter Hügel, wie ein Hügel aus dem Oberfränkischen, wächst die Hohe Kugel über einen bizarren Felsstock hinaus. Von dort oben aus kann man das ganze Vorarlberger Rheintal überblicken. An klaren Tagen kann man im Süden den Piz Buin erkennen; weit in die Schweizer Berge hinein kann man sehen, zum Hohen Kasten, zum Säntis; über den Bodensee kann man schauen ins schwäbische Land. –

Irgendwo im Dunst des Nordens liegt Coburg ... – Mit dreieinhalb Stunden Fußmarsch muss man von unserem Haus aus rechnen, bis man oben beim Gipfelkreuz steht, das sich an Föhntagen so deutlich gegen den Himmel abhebt. Mit einem Feldstecher kann man von dort oben auf unsere Terrasse herunterblicken. Ich glaube, alles, was sich meine Mutter in ihrer Jugend unter den Alpen vorgestellt hatte, sah sie im Bild der Hohen Kugel zusammengefasst. Nun waren die Alpen so nahe. Und nun waren sie so fern.

Alle vier Jahre fuhren meine Eltern nach Lourdes. Sie fuhren im Sommer, wenn meine Schwester und ich Ferien hatten. Unsere Großmutter passte auf uns auf. Und immer sagte meine Mutter zu mir: »Hör zu, Michael, Ende Juli kommen wir aus Lourdes zurück. Du musst mir zwei, drei Monate Zeit geben, bis ich mich wieder ans Gehen gewöhnt habe. Aber im Oktober dann! Im Oktober dann gehen wir beide miteinander auf die Hohe Kugel.« Ich weiß nicht, ob ich daran geglaubt habe. Vielleicht habe ich daran geglaubt, während meine Mutter davon sprach. Weil sie selbst voller Glaube war.

Und dann war es wieder so weit. Meine Eltern fuhren im Opel Rekord nach Lourdes. Den Kofferraum voll leerer Flaschen. Sie blieben eine Woche. Es wäre wohl naheliegend gewesen, in dieser Zeit zu Hause für meine Mutter zu beten. Das haben wir nicht getan. Mit der physischen Anwesenheit an einem Wunderort konnten ferne Gebete ohnehin nicht konkurrieren.

Dann kamen meine Eltern zurück. In der Nacht kamen meine Eltern zurück. Wir Kinder durften aufbleiben, wir warteten in den Schlafanzügen. Wir sahen vom Gangfenster aus, dass mein Vater meine Mutter aus dem Auto hob, dass er sie ins Haus trug. Von Heilung war also kein Rede. Der Kofferraum war voll Lourdes-Wasser. Sechzig Flaschen. Es musste ja vier Jahre reichen. Gegen Ende zu hat es meine Mutter verdünnt, mit Hohenemser Quellwasser gestreckt, Wasser, das von der Hohen Kugel kam.

Meine Mutter saß glücklich lächelnd in der Küche und umarmte uns, und schon sprudelten die Erzählungen. Sie war nicht geheilt worden. Sie blieb im Rollstuhl. Sie war glücklich.

Sie zehrte zwei Jahre lang von der Erinnerung an Lourdes. Von der schönen Sommerwoche in der Republik der Krüppel. Wo jedes Leid übertroffen wurde von größerem Leid. Wo Rollstuhl und Krücken und Stützapparat das Normale waren. Wo die Lebensstützen zu den Menschen gehörten wie die Kleider, wo sich der Gesunde vorkam, als wäre er nackt. Zwei Jahre hat sie sich an Lourdes erinnert, hat Geschichten erzählt von Menschen, die nur noch kriechen konnten, aber krochen, von Menschen, deren Gesicht so entstellt war, dass man es nicht als Gesicht erkennen konnte, und die sich trotzdem zeigten; sie erzählte von sensationellen Heilungen, die knapp – knapp! – bevor sie selbst mit unserem Vater in Lourdes ankam, geschehen seien, ohne Neid erzählte sie von diesen Heilungen.

Zwei Jahre erzählte sie. Und dann hat sich ihr ungestüm optimistisches Gemüt in neuer Vorfreude Form verschafft. Die folgenden zwei Jahre erzählte sie, wie es sein würde, wenn sie wieder gehen könnte.

Und sie sagte: »Hör zu, Michael, Ende Juli werden wir aus Lourdes zurückkommen. Gib mir zwei, drei Monate Zeit, bis ich mich ans Gehen gewöhnt habe. Aber dann. Im Oktober. Die Hohe Kugel.«

Und sie hat sich hochgereckt an den Krücken, einen Meter fünfzig war sie groß. Groß genug für die Alpen. Groß genug für den Blick in die Vergangenheit, der so viel Politik erfasst hat, scheußliche Politik, die aber immer nur Fußnote blieb.

Rede zum Thema »Der Schriftsteller und die Politik«,
gehalten im Stift Stams in Tirol 1997

Sehr geehrte Bürger unserer Republik,

Mangel an Schönheit macht unglücklich und böse und ungerecht und hart.

Mangel an Schönheit macht zynisch und bleich.

Mangel an Schönheit macht, dass man sich langweilt und den sternenklaren Nachthimmel anschaut, ohne ergriffen zu sein und ohne zu staunen.

Mangel an Schönheit macht traurig und krank und nimmt uns die Einbildungskraft.

Mangel an Schönheit trübt die Sinne; man sieht nicht mehr das Offensichtliche, man kann Musik nicht mehr von Gekreische unterscheiden, und eine gute Pasta schmeckt einem gleich wie ein Cheeseburger.

Mangel an Schönheit macht müde und lebensmüde.

Mangel an Schönheit macht neidisch und missgünstig und geizig und kleinlich und gierig.

Mangel an Schönheit macht unzufrieden.

Mangel an Schönheit bewirkt, dass ich mich gering schätze und mich nicht einmal mehr verachte, wenn ich mich nicht mehr im Spiegel anschauen kann.

Mangel an Schönheit macht feige.

Mangel an Schönheit macht dumm.

Mangel an Schönheit macht uns zu Hosenscheißern.

Mangel an Schönheit kann unserer Gesundheit schaden: weil, wenn die Schönheit fehlt, uns an der Gesundheit wenig liegt.

Mangel an Schönheit macht uns unempfindlich gegenüber Komplimenten und zerstört unseren Charme.

Mangel an Schönheit macht müde und lebensmüde und unglücklich und böse und lässt uns zum Messer greifen.

Mangel an Schönheit verheert die Welt, sodass zuletzt bei allem Reichtum und aller Sicherheit nichts mehr lebenswert erscheint.

Mangel an Schönheit macht mich unglücklich und wieder unglücklich und wieder unglücklich.

Mangel an Schönheit bringt die miesesten Seiten meines Charakters zum Vorschein.

Mangel an Schönheit macht, dass ich mich am Hässlichen freue.

Mangel an Schönheit macht mich unglücklich und ungerecht und unausstehlich.

Mangel an Schönheit macht, dass ich ängstlich und geduckt durch den Tag gehe.

Mangel an Schönheit macht, dass wir niemanden mehr lieben und dass wir die Liebe für Getue halten und die Depression für den Normalzustand.

Mangel an Schönheit zwingt uns zu der Meinung, alles müsse wenigstens einen Ertrag abwerfen.

Mangel an Schönheit macht, dass ich keine Bücher mehr lese und nicht mehr Gitarre spielen will.

Mangel an Schönheit macht, dass wir für niemanden Sorge tragen wollen und bald auch nicht mehr können.

Mangel an Schönheit macht erbärmliche Schwachköpfe aus uns.

Mangel an Schönheit macht uns langweilig.

Mangel an Schönheit bringt vielleicht Geld, aber keine Idee, es auszugeben.

Mangel an Schönheit macht rachsüchtig, kleinlaut und gehässig.

Mangel an Schönheit macht misstrauisch und kleinkariert.

Mangel an Schönheit macht geizig und kleinkariert.

Mangel an Schönheit macht schlechte Laune und Fantasielosigkeit.

Mangel an Schönheit macht, dass wir vergessen werden.

Rede 2017 im ORF an dem Neujahrstag,
als es keinen Bundespräsidenten gab

Sehr geehrte Damen und Herren,

bald nachdem meine Heimatstadt Hohenems das Stadtrecht erhalten hatte, besuchte mich ein deutscher Kollege, der damals in Los Angeles lebte und Drehbücher schrieb. Ich stieg mit ihm auf den Schlossberg, wo wir gemeinsam die Ruine abschritten und wo ich ihm erklärte, wie von diesem schroffen Schrofen aus ein ganzes Land – tatsächlich so weit das Auge reicht – beherrscht werden konnte; wir wanderten zum Gsohl, von wo wir frühstückend aufs Rheintal blickten; ich führte ihn am Alten Rhein entlang bis Lustenau und gab Heroengeschichten aus meiner Kindheit und Jugend zum Besten, Geschichten von den sagenhaften Nikolussi-Brüdern, von der sagenhaften Texas-Bar, vom sagenhaften Walter Batruel, der den Blues nicht nach Hohenems gebracht, sondern ihn hier neu erfunden hat; wir schlichen uns in den Palast, und ich flüsterte ihm zu, was ich über den Bau und dessen Besitzer und seine Ahnen wusste, und schilderte ihm, wie der Herr Graf auch heute noch bei Regenwetter sonntags, ohne nass zu werden, in die Kirche gelangt; ich spazierte mit ihm durch die Straßen unserer Stadt und über die Schillerallee; und selbstverständlich zeigte ich ihm auch das Judenviertel, das damals noch ziemlich viel zu wünschen übrig ließ. Ich berichtete ihm aus der Historie dieses Viertels, von den Menschen, die hier gelebt hatten, und zeigte ihm die Häuser, die diese Geschichte illustrieren – das ehemalige Armenhaus, die Villa Rosenthal, das Elkan-Haus, die ehemalige jüdische Schule, die Heimann-Rosenthal Villa und die ehemalige Synagoge, in der damals noch die Feuerwehr untergebracht war.

»Und wie ging das zwischen Juden und Christen?«, fragte er.

»Gut im Großen und Ganzen«, sagte ich.

Ich berichtete ihm von dem jüdischen Fabrikanten Rosenthal, der seiner geliebten Gemeinde ein Krankenhaus gestiftet hatte; und dass manche Christen ihre Kinder in die jüdische Schule schickten, weil dort das Lernen mehr Früchte trage.

»Und wie war das dann bei den Nazis?«, fragte er weiter.

»Auf eine Felsplatte am Schlossberg haben sie das Hakenkreuz gemalt«, sagte ich und erzählte ihm, dass man, als ich ein Kind war, das Kreuz an Regentagen noch habe sehen können, hoch oben über der Kirche.

Ich führte ihn hinaus zum jüdischen Friedhof und berichtete ihm, dass man die Bäume, die hier wachsen, nach dem Krieg an die Bleistiftfirma Faber-Castell verkaufen und dass man auf dem frei gewordenen Areal eine Christbaumzucht errichten habe wollen. »Aber wir haben es dann doch nicht gemacht«, sagte ich.

»Aber aus der Synagoge habt ihr ein Feuerwehrhaus gemacht«, sagte er.

»Das schon«, sagte ich.

»Überall hat man die Synagogen angezündet, und in Hohenems hat man ein Feuerwehrhaus daraus gemacht«, konstatierte er, und wie er es tat, klang es nicht zynisch – obwohl man so eine Äußerung ja gar nicht anders als zynisch gemeint verstehen kann, weil eben die Tatsache selbst zynisch ist –, obwohl wahrscheinlich keiner von denen, die nach dem Krieg diese Umwidmung der Synagoge beschlossen hatten, sich eines Zynismus bewusst war; was uns lehrt, dass wir bisweilen so nahe mit der Stirn vor unserer Zeit stehen, dass der Blick in die Zukunft höchstens bis übermorgen reicht.

Zu meiner Überraschung war mein Freund am meisten vom Verfall unserer Stadt fasziniert – und diesbezüglich hatte Hohenems damals einiges zu bieten. Den schönsten, den poetischsten Verfall fand er im Judenviertel. Zunächst sah er in den Häusern nur die Ruinen, die von einer untergegangenen Zeit raunten. Es sei eine höchst weise Entscheidung der Stadtverwaltung, das Viertel sich allmählich selbst dem Erdboden gleichmachen zu lassen, meinte er.

Dann aber bemerkte er, dass diese Ruinen oder halben Ruinen bewohnt waren, und er fragte mich, ob ich wisse, wer heute in diesen Gebäuden hause, in der Judenschule, im vormals prächtigen Elken-Haus, im Armenhaus.

»Hauptsächlich Türken«, sagte ich.

»Mohammedaner?« fragte er.

»Ja, Mohammedaner«, sagte ich

»Und wie geht das zusammen, Christen und Mohammedaner?«, fragte er.

»Gut im Großen und Ganzen«, sagte ich. »Nicht, dass ich etwas anderes wüsste.«

Er blieb stehen, eine Weile war er in Gedanken versunken, dann plötzlich klatschte er in die Hände.

»Lessings Ringparabel!«, rief er aus. »Das hier ist Lessings Ringparabel! Verstehst du, was ich meine?«

»Nicht ganz«, sagte ich.

Da hielt er mir – mitten auf dem Platz vor dem Feuerwehrhaus – einen Vortrag über den weisen Nathan, wie wir ihn von Gotthold Ephraim Lessing, auf den wir Abendländer so stolz sind, kennen; repetierte dessen kleine Geschichte, mit deren Hilfe er Saladin zu erklären versucht, dass die drei abrahamitischen Religionen – Judentum, Christentum und Islam – gleichermaßen und unterschiedslos im Segen des himmlischen Vaters stünden und dass die Frage, welcher Segen der erste oder der echte sei, der Liebe des Vaters widerspreche, ja, sich dieser Liebe gegenüber als undankbar erweise.

»Was nützt die Ringparabel in der Literatur!«, rief mein Freund über den Platz. »Kein Mensch liest heute noch Lessing! Aber nach Hohenems fahren, das kann jeder!«

»Aber vielleicht will ja gar nicht jeder nach Hohenems fahren«, gab ich zu bedenken, dämpfte damit aber keineswegs seine Begeisterung.

»Dann ist es eben unsre Aufgabe, Hohenems in die Welt hinauszutragen!«, donnerte dieser neue Hohenemser in seinem Berliner Idiom in Richtung unseres Berges.

Ein alter Hohenemser kam gerade die Schweizerstraße herauf – ich kannte ihn, er kannte mich –, und er blickte mich an und machte eine schnelle Handbewegung, die eindeutig war und meinte, ob mit dem da etwas nicht stimme und ob ich Hilfe brauche.

Das multikulturelle Herz meines Freundes war, ohne dass er sich dessen bewusst war, schon seit Langem auf der Suche nach einem, fernab von allen Scheinwerfern, real existierenden Paradies, in dem auf naive Art und Weise Toleranz und Respekt zwischen den Kulturen und Religionen gelebt wurde. Und nun, nach allem, was ich ihm gezeigt und erzählt hatte, glaubte er, dieses Paradies am Fuß unseres bedrohlichen Berges gefunden zu haben.

Als wir am Abend bei uns zu Hause in der Johann-Strauß-Straße in der Küche saßen und Monika das typische Eingeborenenessen kochte, nämlich einen Riebel, schlug er, die Hemdsärmel nach oben gekrempelt, vor, wir beide – er, der polyglotte Drehbuchautor mit Regieerfahrung, und ich, sozusagen ein Repräsentant der autochthonen Bevölkerung –, wir beide sollten gemeinsam einen Film drehen. Einen Film über Hohenems.

Titel: *Die Hohenemser Ringparabel.*

Der Film ist nie gedreht worden. Schade. Vielleicht

auch nicht schade. Ich weiß aber, wovon er hätte erzählen sollen, nämlich davon: dass irgendwo am Rand der Alpen eine kleine Stadt liegt, die von der Geschichte die Chance erhalten hat, ein Gleichnis für Toleranz zu werden. Ob es nun ein realistischer oder idealistischer Film geworden wäre, lässt sich endgültig nicht sagen, noch nicht, vielleicht noch lange nicht, vielleicht aber irgendwann ...

*Rede, gehalten am 17. Mai 2008 bei der Feier zum
25-jährigen Stadterhebungsjubiläum von Hohenems*

Sehr geehrte Damen und Herren,

wir wussten es: Die Schokolade, bei der wir Vorarlberger Kinder zu Weihnachten leuchtende Augen bekamen – Suchard mit Rosinen und ganzen Nüssen –, die schob ein Schweizer Kind naserümpfend beiseite; denn dort drüben herrschte anderer Genuss. »Das Beste vom Besten gibt es in der Schweiz« – in den duckmäuserischen Fünfzigerjahren gab es nur mehr wenige Gewissheiten, diese war eine. Unseren unmittelbaren Nachbarn, den Schweizern, trauten wir Genüsse zu, für die wir nicht einmal einen Namen hatten. Zugleich aber hatten wir den Verdacht, die Schweizer wüssten diese Genüsse nicht zu schätzen. Wenn meine Verwandten aus Coburg in Westdeutschland uns besuchten, führte ihr erster Spaziergang in die Schweiz, zu dem Kiosk bei der Tankstelle, zwanzig Meter hinter dem Grenzbalken. Uns kränkte das immer ein wenig. Unsere Seite des Rheintals war doch eindeutig schöner, landschaftlich. Toblerone und Zigaretten aus aller Welt allerdings gab es nur dort drüben. Ich hatte immer das Gefühl, eigentlich besuchen sie nicht uns, sondern diesen Kiosk, bei uns übernachten sie lediglich. Auch die Coburger waren übrigens der Meinung, die Schweizer wüssten ihre eigenen Genüsse nicht zu schätzen. Mein

Onkel sagte: »Sie handeln nur damit. Essen tun sie es nicht. Sie sind Bauern. Die schlechten ins Kröpfchen, die guten ins Töpfchen. Sie gönnen sich nichts.« Das waren die einzigen Momente, in denen ich mich innerlich zur Verteidigung der Schweizer rüstete – nur innerlich freilich; ich wusste ja, was mein Onkel damit meinte: Der alpine Landmensch, ganz gleich ob Vorarlberger oder Schweizer, ist nicht in der Lage zu genießen. Nachdem die Genussfähigkeit des Menschen ein Gradmesser für seine Weltläufigkeit ist – das brauchte mein Onkel nicht auszusprechen, das war in seinem Rasierwasser, Marke Tabac, zu riechen –, bedeutete Genussunfähigkeit nichts anderes als Hinterwäldlertum. Wir und die Schweizer waren also Hinterwäldler, die Schweizer Hinterwäldler mit Toblerone, wir ohne. Und die Westdeutschen? Die waren fast Amerikaner. Das sagte alles.

Von der Toblerone hatte ich längst schon gehört, ehe ich die erste zu sehen bekam. Gegessen habe ich erst viel später davon. Toblerone war mehr als nur eine Süßigkeit; das wurde mir klar, als unsere Familie in den frühen Sechzigerjahren im Opel Rekord, den mein Vater in gebrauchtem Zustand gekauft hatte, unsere erste Fahrt über die Grenze ins Appenzell unternahm. Mir wurde schlecht, weil es im Auto nach altem Zigarettenrauch stank, wir fuhren die kurvigen Straßen, betrachteten die Landschaft, die wir bisher immer nur aus der Ferne gesehen hatten, nämlich wenn wir vor unser Haus traten und nach Westen schauten, ab und zu hielten wir an, damit ich mich übergeben konnte, und als ich so am Wegesrand kniete und Gallenflüssigkeit aus mir herauswürgte, sah ich vor mir mitten in der Wiese seltsame, dreiviertelmannshohe Betonbauten – Toblerone-Ecken aus Beton, grau, angemoost, archaisch. Mein Vater, der alles wusste, klärte mich auf: Es seien Panzersperren aus dem Krieg. Ob man die Panzersperren nach dem Vorbild der Toblerone oder die Toblerone nach dem Vorbild der Panzersperren geformt hatte, fragte ich nicht; war auch nicht so wichtig. Entscheidend war, dass die beiden in einem Zusammenhang standen: Toblerone war über das bloße Schokolade-Sein hinaus noch so etwas wie ein Prinzip. Das »Toblerone-Prinzip« – höchster Genuss und Feindabwehr in einem. Die Panzersperren aus Beton wurden für mich zu einem Symbol für Souveränität, Friede und Wohlstand.

Die Panzersperren versperrten, wie ihr Name sagte, feindlichen Panzern den Weg; gleichzeitig aber hatten sie auch etwas Freches an sich, denn sie forderten den Feind auf, sich auszumalen, was es hinter diesen Sperren zu gewinnen gäbe. Das war tollkühne Frechheit. Nicht dass ich je Zeuge einer typisch schweizerischen tollkühnen Frechheit geworden wäre – außer mit der lieben Frau Lässer, der die Tankstelle und der Kiosk gleich über der Grenze gehörten, hatte ich bis dahin zu Schweizern keinen Kontakt aufgenommen. Aber es gab Geschichten – Geschichten über Schweizer, über geile Schweizer, Schweizer, die in ihren fetten

Autos zu uns herüberkamen, um mit Damenstrümpfen, Old-Gold-Zigaretten und eben Toblerone unsere Mädchen zu verführen. »Allzu langer Friede verdirbt!« – copyright: mein Onkel aus Coburg, Westdeutschland, amerikanisch besetzte Zone. Als unser hinterwäldlerischer Toni Sailer es allen in unserem Namen gezeigt und alles gewonnen hatte, was man im alpinen Skisport gewinnen kann, habe eines Tages ein Schweizer ein Vorarlberger Gasthaus betreten und gefragt, ob dieser Toni Sailer jetzt, nach dem verlorenen Krieg, unser Nationalheld sei. »Sowieso«, wurde ihm geantwortet. Und da habe der Schweizer gesagt: »Wir Schweizer haben auch einen Nationalhelden.« Und man solle doch raten, wie der heiße, Wilhelm Tell sei es aber nicht. Und als es die Anwesenden nicht herausbrachten – »Toblerone«, wäre den meisten wohl auf der Zunge gelegen, aber das war zu kindisch, einfach zu kindisch –, sei, so hieß es, der Schweizer aufgestanden, habe Fränkli für sein Mineralwässerli auf den Tisch geklopft und frech und tollkühn gesagt: »Unser Nationalheld heißt Arbeit.« – Gut. – Man habe es ihm ordentlich gegeben. Hieß es. Solche Geschichten sind Teil des Gründungsmythos unseres Nachkriegsselbstvertrauens. Nein, an Feuerländern und Australiern hatten wir nicht das Geringste auszusetzen, die konnten wir leiden; die Schweizer aber konnten wir nicht leiden.

Nicht-Leiden-Können ist zu wenig. Wir hassten die Schweizer. Der Gehasste steht für mehr als nur für sich selbst. Er wird zu einem Symbol, zu einem Synonym;

das heißt, sein Name bezeichnet einerseits ihn selbst, ganz harmlos, andererseits aber bedeutet er auch noch etwas anderes, Bösartiges. Diese Doppendeutigkeit ist die bevorzugte Wortwaffe des Hinterfotzigen: Ich sage eine Unverschämtheit, aber keiner kann es mir beweisen. Ja, »Schweizer« war für uns ein Synonym. Für im Wohlstand leben? Auch, ja, aber eben nicht nur. Für den Frieden bewahrt haben? Auch, ja, aber eben nicht nur. Ich muss das erklären: Die Fünfziger- und Sechzigerjahre in Vorarlberg waren an Muffigkeit, Scheinheiligkeit und sexueller Sprachlosigkeit nur schwer zu überbieten. Bis heute ist es kaum möglich, umgangssprachlich das Ich-liebe-Dich auszusprechen, ohne die peinliche Karikatur eines Nachrichtensprechers zu werden. Homosexualität aber war so ungefähr das Allerletzte. Und nun: Wenn einer einen Witz erzählte, und der fing an mit: »Es war einmal ein Schweizer«, dann war allen klar, es wird ein Witz über Homosexuelle werden. »Schweizer« war ein Synonym für Schwuler. »Schwitzerla« – sich schweizerisch betätigen – meinte homosexuelle Praxis. Den meisten Vorarlberger Männern wäre es wohl lieber gewesen, man hätte sie Kriegsverbrecher genannt – wie die westdeutschen Touristen – als Schwule.

Worin gründete diese Niedertracht? Neid und Missgunst nähren sich aus vielen Quellen. Alles, aber auch gar alles, kann zur Bestätigung eines Vorurteils herangezogen werden. Wir stehen an der Grenze beim Rhein und schauen hinüber und sagen: Wir haben dasselbe wie ihr, aber es ist nicht das Gleiche. Die Schweiz ist dank ihrer Neutralität unbeschadet durch zwei Weltkriege gesegelt. Neutralität ist also etwas Gutes. Muss so sein! Muss doch so sein!

Neutralität heißt: sich nicht einmischen, aber doch irgendwie mitmischen; sich heraushalten, aber sich dennoch nicht fernhalten; nicht teilnehmen, aber doch teilhaben. Das klingt nach Prinzipienlosigkeit. Noch schlimmer: nach Ideenlosigkeit. Und klingt auch ein bisschen langweilig. Wenn einer kommt und sagt: Hört her, ich habe eine Vision! – dann mögen wir ihn lieber als den anderen, der da sagt, ich will schauen, was sich machen lässt. Ideen und Prinzipien vermögen unser Herz zu erheben. Wer will das nicht – für eine große Sache eintreten, sich an die Brust schlagen und laut rufen: Immer! Oder: Niemals! Neutralität bietet das Machbare, und das kommt nicht in Uniform daher, sondern meistens im mausgrauen Anzug. Vom Machbaren träumt man nicht, das macht man. Neutralität ist illusionsloses Erwachsensein. Nicht unbedingt attraktiv, ich weiß. Aber nach einem Jahrhundert, in dem für Prinzipien, Träume, Ideen Millionen von Menschen ermordet worden sind, finde ich eine gewisse Skepsis gegenüber Ideen, Träumen, Prinzipien in der Politik recht angenehm.

Woher kommt es, dass wir Österreicher bei unserer Neutralität kein so gutes Gefühl haben wie die Schweizer bei ihrer? Wir haben ja bereits kein wirklich ganz gutes Gefühl, wenn wir uns als Nation bezeichnen. Jörg Haider sagte, die österreichische Nation sei eine Missgeburt. Darüber wurde ernsthaft diskutiert. Bundeskanzler Schüssel sagte, die Neutralität Österreichs sei Nostalgie wie die Mozartkugeln und die Lipizzaner. Darüber wurde ernsthaft diskutiert. Der Unterschied zwischen der Schweizer Neutralität und unserer ist so groß wie zwischen Gustav und Gasthof: Die Schweiz ist neutral, Österreich hingegen wurde neutralisiert. Wir sind neutralisiert. Anders ausgedrückt: Wir haben nichts zu sagen.

Wirtschaftlich gesehen haben wir nach dem Krieg vom Marshall-Plan profitiert, politisch gesehen fielen wir unter den Morgenthau-Plan. Der Plan von George Marshall sah vor, die Länder des wiederaufgebauten ehemaligen Deutschen Reiches für die Wirtschaft und die Ideale der westlichen Welt zu öffnen, um damit zu verhindern, dass sich die Menschen abermals diktatorischen, demokratiefeindlichen Angeboten zuwenden. Henry Morgenthau glaubte nicht an die Lernfähigkeit des Nazi-Volkes; sein Plan sah vor, Deutschland – und Österreich – auf das Niveau eines reinen Agrarlandes zu drücken, fern jeden modernen Wohlstandes, fern der Welt. George Marshall setzte sich gegen Henry Morgenthau durch. Bis zu Bundeskanzler Bruno Kreisky spielte Österreich in der internationalen Politik keine Rolle. An Kreiskys Außenpolitik kann man den Unterschied zwischen neutral und neutralisiert studieren. Er, ein Dialektiker, der wie kein anderer Politiker in Österreichs jüngerer Geschichte in Gegensätzen zu denken vermochte, sah in der wirtschaftlichen und politischen Bedeutungslosigkeit unseres Landes eine Chance. Die Welt war zweigeteilt, in Blöcke aufgespalten, die sich feindlich gegenüberstanden, der Block Sowjetunion mit Lager und der Block USA mit Lager. Der Friede zwischen den beiden war ein permanent in Verhandlung begriffener; kein Friede eigentlich, sondern eine lang andauernde Friedensverhandlung. Erst heute erkennen wir, dass dieser Zustand, ein Friede ohne Pathos, gar nicht so schlecht funktioniert hat. Nicht eine große Friedensverhandlung war das, sondern ein für den Normalbürger unüberschbares Gewusel an Gesprächen auf allen möglichen politischen Ebenen, kein Thema ohne Konferenz, kein Auftritt der Staatsführer der einen oder anderen Supermacht, ohne dass vorher nicht Hunderte Stunden im Dunklen und Nebeligen gezerrt und abgetauscht worden wäre. Verhandelt wurde auf neutralem Boden. In Genf, ja klar. Warum nicht auch in Österreich? Gegen heftigsten Widerstand der bürgerlichen Opposition ließ Kreisky in Wien die UNO-City bauen. Das war noch nicht Genf, aber immerhin ein bisschen davon.

Wenn von großen Männern in der Welt gesprochen wurde, war Kreiskys Name dabei; wenn von bedeutenden Ländern gesprochen wurde, war sein Land nicht dabei. Mit Kreiskys Talenten wurde leider nicht gewuchert, nachfolgende sozialdemokratische Bundeskanzler stellten das Gewonnene unter den Scheffel; und der schwarz-blauen Regierung unter Bundeskanzler Schüssel gelang das Kunststück, in wenigen Tagen jegliche internationale Reputation zu verspielen. Aus dem Österreich, das im Begriff war, sich allmählich zu einem neutralen Staat zu entwickeln, wurde über Nacht wieder ein neutralisierter Staat. Diesmal selbst gemacht.

Wir stehen am Rhein und schauen hinüber. Nicht dass dort drüben das Bessere wohnt. Aber anders ist es dort. Weltläufiger ist man halt dort drüben. Unsere einzige Chance – und Häme!: dass Neutralität im Herzen eines bald nicht nur wirtschaftlich, sondern auch ideell, kulturell und politisch vereinigten Europas eine merkwürdige, sich nicht mehr lohnende Extravaganz sein könnte; und dass wir vielleicht *vor* – ja, diesmal nicht *von*! – den Schweizern lernen werden, im Chor zu singen – was etwas anderes sein möge als: mit den Wölfen zu heulen.

Vor Kurzem kaufte ich mir in Wien in der Zentralbuchhandlung gleich beim Stephansdom das Buch *Lügendetektor. Vernehmungen im besiegten Deutschland 1944/45* von Saul K. Padover. Der Autor, ein amerikanischer Journalist, hat in den Monaten nach Ende des Zweiten Weltkriegs Deutschland bereist und mit den Menschen gesprochen. Der Verlag (Eichborn Verlag. Die Andere Bibliothek) hat dem Text einen Fototeil vorausgeschickt. Das letzte Bild war für mich ein Schlag gegen die Stirn. Darauf war nämlich meine Mutter zu sehen.

Ich zeigte das Bild meiner Schwester. Auch sie war von dem Bild schockiert. Wir kamen dann aber doch zu der Auffassung, es kann nicht unsere Mutter sein ... Nein, ich muss zunächst das Bild beschreiben. Die Unterschrift zu dem Bild lautet: »Zweitausend Einwohner Weimars, Männer, Frauen und Kinder, werden gezwungen, das KZ Buchenwald zu besichtigen.« Wir sehen drei Gruppen von Menschen. Im Vordergrund liegen Leichen, ich zähle fünf oder sechs, eine Leiche liegt etwas höher, ich vermute, sie liegt über einer anderen. Es sind Männer und Frauen, kahl geschoren, bis auf eine nackt, ausgezehrt. Hinter den Toten stehen links im Bild drei amerikanische Soldaten, Helme auf dem Kopf, einer mit Sonnenbrille, die bekannten Hosen, die bekannten Boots, Hände in den Taschen. Rechts stehen die Deutschen, die Einwohner der Stadt Weimar, zwei Frauen, sechs Männer. Ein Mann grinst wie ein Kretin. Haltung und Kleidung verweisen diese Menschen in eine vergangene Zeit. Die Amerikaner sind, wie heute Amerikaner immer noch sind. Und genau in der Mitte des Bildes, zwischen Amerikanern und Deutschen: meine Mutter. Eine kleine Person, nicht größer als einen Meter fünfzig. Widerborstiges Haar. Gesicht herzförmig. Breite Stirn.

Ich habe aus einem weißen Blatt Papier ein kleines Fenster geschnitten und es so über das Bild gelegt, dass nur das Gesicht dieser Frau zu sehen war. Das habe ich meiner Schwester gezeigt.

»Wer ist das?«, habe ich gefragt.

»Die Mutti«, sagte sie.

»Schau es genau an«, sagte ich. Sie wünschte eine Lupe, ich gab ihr eine.

»Kein Zweifel«, sagte sie, »es ist unsere Mutter.«

Dann erst nahm ich das Blatt von dem Foto und zeigte ihr das ganze Bild.

»Aber sie war nach dem Krieg nicht in Weimar«, sagte meine Schwester. »Sie war in Coburg und dann in München.«

1988 ist unsere Mutter gestorben. Wir fragten bei Verwandten nach. Die waren sich sicher, dass unsere Mutter nach dem Krieg nicht in Weimar war, ganz, ganz sicher waren sie sich nicht.

Unsere Mutter war grundkatholisch. Sie verabscheute die Nazis. Sie verabscheute die Kommunisten. Die Engländer mochte sie nicht. Aber sie fühlte sich mit ihnen verwandt. Das englische Königshaus hatte enge familiäre Beziehungen zum Coburger Adel. Nach ihrer Heirat war sie österreichische Staatsbürgerin. Den Kreisky hat sie nie gewählt. Gegen die Schweizer hatte sie nichts. Die nahe Grenze war für sie einfach nur »günstig«. Sie schickte mich mit dem Fahrrad hinüber, um Suppenwürfel zu holen. Sie war kein Mensch, der etwas für sich behalten konnte.

»Wenn sie von den Amerikanern durchs KZ geführt worden wäre, das hätte sie uns erzählt«, sagte meine Schwester. Ich gab ihr recht.

Über die Amerikaner ließ meine Mutter nichts kommen. Sie habe, sagte sie, gute Erfahrungen mit den

Amerikanern gemacht. Das war so: Der wertvollste Besitz, den meine Mutter über den Krieg gerettet hatte, war ihre Fotokamera. Eine Leica. Es hieß, General Eisenhower habe seinen Soldaten zwei Tage Plünderungsfreiheit gegeben. Tatsächlich, meine Mutter war auf dem Weg in die Stadt, um die Jeeps zu fotografieren, da kam ein Soldat auf sie zu und riss ihr die Kamera aus der Hand. Alle sagten, sie solle froh sein, dass nicht mehr passiert sei. Alle sagten, sie müsse sich damit abfinden, dass die Kamera weg sei. Sie fand sich nicht damit ab. Ging zur amerikanischen Kommandantur, beschwerte sich, gab Adresse und Name an. Und: bekam ihr Eigentum zurück.

Ich erzähle diese Geschichte, weil mir immer eines aufgefallen war, wenn sie meine Mutter erzählte, nämlich ihr Tonfall und ihre Wortwahl, die Gleichgültigkeit in ihrer Stimme.

»Du erzählst das so, als ob dich das alles nichts angehen würde«, sagte ich zu ihr.

»Wie kommst du darauf«, sagte sie. »Natürlich geht mich das an. Der Fotoapparat war mein wertvollstes Stück!«

»Ich meine nicht den Fotoapparat«, sagte ich. »Ich meine den Krieg. Und die Besatzung. Und das alles.«

»Das geht mich wirklich nichts an«, sagte sie. »Ich habe es mitgemacht, aber es geht mich nichts an.«

Ich habe sie beschimpft; dass sie das alles verdränge, sagte ich und so weiter.

»Aber ich verdränge doch gar nichts«, sagte sie. »Ich

weiß alles, ich wusste alles, ich wusste, dass es KZs gibt, nur dass sie so schlimm waren, das wusste ich nicht. Ich verdränge gar nichts.«

Sie verhalte sich neutral, sagte sie.

»Wozu neutral?«, fragte ich.

»Zur Geschichte«, sagte sie.

Rede zu ›Zehn Jahre EU-Mitgliedschaft von Österreich‹ 2005 in Wien

Sehr verehrte Damen und Herren,

eigentlich wollte ich heute Abend über Schönheit reden, über die Schönheit und nichts als die Schönheit. Schließlich feiern wir eine Institution, die seit dreißig Jahren Frauen und Männer um sich schart, Idealisten, Begeisterte, Kundige, Kluge, Gewitzte, Liebende, die sich zur Aufgabe stellen, Schönheit ins Land zu bringen, und die Schönheit ins Land gebracht haben. Wir feiern eine Institution, feiern diesen wunderbaren Verein *allerArt*, vor allem aber feiern wir Menschen und sagen Danke.

Ich wollte also zu Ehren dieses Vereins und seiner Aktivisten von der Schönheit sprechen, nur von der Schönheit. Ich wollte ausholen und von der Schönheit erzählen, wie sie sich kleidete in den verschiedenen Zeiten; wollte bei der griechischen Antike beginnen, als es sogar einen Gott, ja mehrere Götter gab, die für die Schönheit zuständig waren, heute gibt es nicht einmal einen Minister. Vielleicht hätte ich mir sogar eine Abschweifung erlaubt und von den Halbbrüdern Apoll und Hermes berichtet, die das erste Musikinstrument erfunden und weiterentwickelt haben, die Kithara, aus der die Gitarre und die Lyra wurden, von Letzterer sich wiederum die Lyrik ableitet. Ich habe in der Vorbereitung zu meiner kleinen Rede nachgeforscht und war zu der erstaunlichen oder vielleicht gar nicht erstaunlichen Erkenntnis gekommen, dass die Schönheit in den Zeiten, als es noch einen Gott gab, an den alle glaubten und an den nicht zu glauben eine Art Irrsinn war, zu ihrer Rechtfertigung keine Theorie benötigte; zu behaupten, Schönheit diene der Ehre Gottes, genügte und spornte an – im Gegensatz zu heute, da Schönheit, wenn sie nicht wenigstens so etwas wie Umwegrentabilität vorweisen kann, scheel angeschaut oder gar als unsinnige Geldverschwendung bezeichnet wird und die Künstler, also die Hervorbringer von Schönheit, als Parasiten beschimpft werden. Haben die Auftraggeber des Ulmer Münsters an eine mögliche Umwegrentabilität gedacht, als sie ein Bauwerk errichten ließen, in dem bei seiner Einweihung fast zehnmal so viel Menschen Platz fanden, als die Stadt Einwohner zählte? – Bombastische Schönheit zu Ehren Gottes!

Eigentlich, meine Damen und Herren, wollte ich mit Ihnen gemeinsam Überlegungen anstellen, wie es gelingen könnte, in der Schönheit, wo sie nun nicht mehr Gottesdienst ist, vielleicht so etwas wie Menschendienst, höheren Menschendienst, zu entdecken. Ich wollte ausrufen: Ist sich der Mensch selbst nicht groß genug, um sich selbst zu feiern – in einer Art säkularer Sakralität? Und wollte daraus eine ganz und gar diesseitige moralische Spekulation anschließen, nämlich: Beinhaltet die Hochschätzung des Menschen und seiner wunderbaren kulturellen Leistungen nicht die Kraft zur Demut vor dem Menschsein im Allgemeinen, und ist Demut vor dem Menschsein nicht gleichbedeutend mit dem Respekt gegenüber jedem Menschen, weil in jedem Menschen der Funke glost, der einst der göttliche genannt wurde? Wird in der Kunst, in jeder Kunst, nicht der Mensch gefeiert? Hatte es ein Kunstwerk je nötig, sich darüber hinaus zu rechtfertigen? – Darüber wollte ich mit Ihnen sprechen.

Ein wenig nur wollte ich an der Politik anstreifen und die notorisch nicht anwesenden Kulturpolitiker daran erinnern, dass der Mensch »edel, hilfreich und gut« sein soll, wie Goethe in dem Gedicht schreibt, das er ausgerechnet mit *Das Göttliche* übertitelt, und dass solche Forderungen aufzustellen und einzulösen Kulturleistungen sind, die man sich leisten muss und sich auch leisten kann, bei dem heutigen Reichtum unserer Gesellschaft leichter denn je – wenn man nur will.

Ja, eigentlich wollte ich über die Schönheit sprechen und nur über die Schönheit, denn über nichts spreche ich lieber und öfter; mit meiner Frau beim Frühstück und beim Mittagessen und beim Abendessen und dazwischen auch, und das heißt nicht, dass wir nur über Literatur sprechen, nein, wir sprechen über das Kochen und das Einkaufen im Supermarkt und über unsere Kinder und die Enkel und die hilfsbereiten Nachbarn. Monika erzählt mir von ihren Träumen und was sie erlebt hat, als sie über den Berg ging. Und am Abend sprechen wir mit Freunden wie dem angestammten Bludenzer Hubert Dragaschnig, und er erzählt uns vom Theater, an dem er sich mit Begeisterung, Wut und

Liebe nun auch schon seit über dreißig Jahren abarbeitet. Das ist das Leben, und das Leben interessiert mich am meisten unter dem Gesichtspunkt der Schönheit, und tatsächlich lässt sich fast alles unter diesem Gesichtspunkt betrachten ... fast alles.

Eigentlich wollte ich mit Ihnen nur über die Schönheit sprechen. Aber dann ...

Ich hatte mir vorgenommen, an den Film *Das Leben ist schön* von Roberto Benigni zu erinnern, nämlich an jene Szene, als der Held im Konzentrationslager eine Opernarie über den Lautsprecher schickt, über den sonst nur böse Befehle auf die Gefangenen einbellen, und wie plötzlich ein Schweigen und eine Stille eintreten und der Zuseher spürt, dass die Schönheit des Gesangs die Gedemütigten und Geschundenen – aber auch uns im bequemen Kinosessel – zutiefst spüren lässt, der Mensch könnte etwas Großes sein, seine Würde ist heilig, seine Werke sind göttlich.

Ich wollte die Behauptung aufstellen, ein Mangel an Schönheit mache krank, lasse uns böse werden, gierig, geizig, kleinlich, kleinmütig, feige, unbarmherzig, mache uns traurig und lebensmüde – ich wollte zu dieser Behauptung keinen Beweis liefern; ich wollte, dass Sie, meine Damen und Herren, in Ihrem eigenen Leben nachspüren, ob so eine Behauptung wahr ist oder nicht.

Ja, ich wollte über die Schönheit sprechen, über die Schönheit und nur über sie, wie sie meinem Leben Sinn gegeben hat von Anfang an und immer noch Sinn gibt; ich wollte erzählen von der Schönheit, die mir in jedem

Buch begegnet, in dem ein Mensch seine Gefühle und Gedanken mitteilt, von der Schönheit der Songs von Bob Dylan und Neil Young und Townes Van Zandt, von der Schönheit in der Malerei meines Sohnes Lorenz, wenn er über eine fünfzehn Meter lange Zeichnung die Erlebnisse eines einzigen Nachmittags in Bilder übersetzt. Und wie schön wäre es, zu tanzen zur Stimme von Leonard Cohen:
Dance me to your beauty with a burning violin
Dance me to the end of love

Darüber wollte ich mit Ihnen, sehr verehrte Damen und Herren, sprechen.
Aber dann ...
Eine Institution wie *allerArt*, dieser Verein zur Förderung von Kultur und Kunst, ist natürlich auch eine politische Sache, selbstverständlich, und das ist gut so, denn Politik bedeutet ja nichts anderes als den Versuch eines Ausgleichs verschiedener Interessen; und eine Fortsetzung der Politik mit anderen Mitteln, also mit Krieg, das wollen wir doch alle nicht. Also, dachte ich, komme ich, auch wenn ich über Schönheit und nur über sie reden möchte, nicht ganz an der Politik vorbei.
Und weil ich gerade Bob Dylan erwähnt habe – ich las vor wenigen Tagen seine Nobelpreisrede, in der er drei Bücher nennt, die ihn und seine Kunst besonders beeinflusst haben. Darunter ist der Roman *Im Westen nichts Neues* von Erich Maria Remarque, und wie es der Zufall will, habe ich dieses Buch, auf Empfehlung

meiner Frau, erst vor Kurzem wieder gelesen. Ich hatte es zum ersten Mal gelesen, als ich neunzehn war und mich rüstete, den Wehrdienst zu verweigern. Ich hatte das Buch als einen Antikriegsroman in Erinnerung. Aber es ist viel mehr. Eben weil es die große Weltgeschichte, den Ersten Weltkrieg, lediglich als Kulisse verwendet, vor dem das eigentliche Drama gezeigt wird, nämlich nicht die Verheerung eines Landes oder einer Gesellschaftsordnung, nicht die Entwertung aller Werte, nicht die Implosion von Ideen, nicht das Gemälde einer Epoche, sondern die emotionale, geistige, moralische und zuletzt physische Zerstörung eines Menschen. Und dennoch ist dieser Roman schön. Warum? Weil er uns ahnen lässt, was aus diesem Menschen, diesem einen Menschen, hätte werden können.

Über diesen Roman hätte ich gern mit Ihnen, meine Damen und Herren, gesprochen, und natürlich, *Im Westen nichts Neues* ist auch ein politischer Roman, im weitesten Sinn. Aber über Politik im Besonderen, über die Politik heute, in unserem Land, darüber wollte ich nicht sprechen, nein, das wollte ich nicht, das habe ich mir fest vorgenommen.

Ich wollte über die Schönheit sprechen, über die Schönheit und nichts als die Schönheit ...

Aber wenn ich über Schönheit spreche, so dachte ich mir, darf ich die Hässlichkeit als ihr Gegenteil nicht aus dem Blick verlieren. Also wollte ich erzählen, dass in alter Zeit sogar die Waffen geschmückt wurden; ja besonders die Waffen, denken wir an die schwelgerische Beschreibung von Achills Schild in der Ilias des Homer. Ich wollte erwähnen, dass im Dreißigjährigen Krieg die Uniformen der Soldaten mit größter Sorgfalt und Liebe für das Detail genäht und in den fröhlichsten Farben gehalten waren, obwohl ihr Zweck einzig darin bestand, möglichst bald mit Blut durchtränkt zu sein und im Dreck zu verrotten. Die maßlose Hässlichkeit dieses großen europäischen Vernichtungskrieges, der vor vierhundert Jahren begann, wurde durch die zierliche Schönheit der Soldatenuniformen erst verdeutlicht; ein Roman wie der *Simplicius Simplicissimus* von Grimmelshausen ist schön, obwohl wir darin von Bestialitäten erfahren, die wir nicht für möglich gehalten hätten. Die Schönheit der homerischen Epen verharmlost keineswegs die Ungeheuerlichkeiten des ersten halb mythischen, halb historischen abendländischen Krieges. Schönheit, darauf wollte ich pochen, ist nicht niedlich, sie verschleiert nicht, wo Klarheit gefordert, sie beruhigt nicht, wo Unruhe gefragt ist, sie macht deutlich. Schönheit, so wollte ich ausrufen, ist ohne Humanität nicht denkbar. Schönheit ist keine behübschende Sache!

Seit dreißig Jahren feiert der Verein *allerArt* die Schönheit. Künstler haben hier ihre Werke gezeigt, Dichter haben hier vorgelesen, Schauspieler und Schauspielerinnen haben hier offenbart, was ohne ihre Kunst verborgen geblieben wäre, Musikerinnen und Musikanten haben hier unser Herz berührt und uns spüren lassen, dass wir ohne Schönheit krepieren würden.

Jeder in den Verein *allerArt* investierte Euro war und

ist in die Würde des Menschen investiert ... – An dieser Stelle meiner Überlegungen machte ich eine Pause, um einen Kaffee zu trinken, und schaltete das Radio ein und hörte unseren neuen Innenminister, er sprach von einer – ich zitiere – »... entsprechenden Infrastruktur, wo es uns gelingt, diejenigen, die in ein Asylverfahren eintreten, auch entsprechend konzentriert an einem Ort zu halten ...«

Ich dachte: War denn alles umsonst? Hat Picasso vor achtzig Jahren die *Guernica* umsonst gemalt? Hat Hans Fallada vor siebzig Jahren seinen Roman *Jeder stirbt für sich allein* umsonst geschrieben? Hat Hans Werner Henze vor sechzig Jahren seine *Undine* umsonst komponiert? Hat Jimi Hendrix sein Requiem auf den Vietnamkrieg in Woodstock umsonst gespielt? Hat Alfred Hrdlicka sein Mahnmal gegen Krieg und Faschismus umsonst aus dem Stein gehauen? Haben Claude Lévi-Strauss, Michel Foucault, Susan Sonntag, Judith Butler, Giorgio Agamben sich umsonst den Kopf darüber zerbrochen, wie menschliches Zusammenleben in aufgeklärter Würde möglich ist? Ein Minister, der in Deutschland so etwas vor der Presse vom Blatt läse, hätte noch am selben Tag zurücktreten müssen. In Österreich muss er nicht.

Ich nehme unseren Innenminister ernst. Er hat alle Tassen im Schrank; sie sind dort anders geordnet als meine Tassen, aber geordnet sind sie. Die Empörung war groß, bei uns und auch draußen, draußen größer als bei uns. Das Wörtchen »konzentrieren« in einen

Zusammenhang mit Menschen zu stellen, das vermag kein Zufall, nicht nach dem schrecklichen 20. Jahrhundert, nicht in unserem Land und ganz gewiss nicht im Kopf dieses quicken Ministers.

Und während wir uns über das »konzentrieren« empörten, vergaßen wir, wie der Satz des Ministers weiterging – ich zitiere noch einmal: »... wo es uns gelingt, diejenigen, die in ein Asylverfahren eintreten, auch entsprechend konzentriert an einem Ort zu halten ...« – Diejenigen sind übrigens Menschen. Nicht Tiere. Nicht Viecher. Vieh wird gehalten. Das Wort »halten« verrät uns auch, wie sich der Minister die Bedingungen vorstellt, unter denen diejenigen konzentriert werden sollen.

Den bösen Taten gehen böse Worte voraus. Hier ist also einer, der Menschen »halten« will. Und wenn ihm dazu Gelegenheit geboten wird, dann wird er es tun.

In den letzten Tagen hörten wir, wie ein Parteifreund dieses Innenministers, der in Niederösterreich gerade Wahlkampf führt, gegen die Kultur ins Feld zieht, und das mit einer altbekannten grausigen Vokabel – von »abartiger Kunst« spricht er. Und wer dagegen die Stimme erhebt und darauf aufmerksam macht, was solche Worte vor gar nicht langer Zeit angerichtet haben, dem wird prompt vorgehalten: Schon wieder drohst du mit der Faschismuskeule! Und schwupp schlüpft der Täter in die Rolle des Opfers. Der Innenminister deutete auch prompt an, allein den Gedanken, historische Parallelen zu ziehen, halte er bereits für klagbar. Einen

Höhepunkt solcher wendig windigen Metamorphose setzte unser Vizekanzler, als er einst lamentierte: »Wir sind die neuen Juden!«

Dass ich hier im Zusammenhang mit der niederträchtigen Äußerung des Innenministers Zeugen aus der großen Kultur aufgerufen habe – Claude Lévi-Strauss, Michel Foucault, Susan Sonntag, Judith Butler, Giorgio Agamben –, sollte uns darauf aufmerksam machen, dass sich der Innenminister selbst immer wieder gern einen Philosophen genannt hat und erst vor Kurzem von seinem Parteifreund, dem ehemaligen Bewerber um das Amt des Bundespräsidenten, inzwischen Infrastrukturminister, als ein solcher bezeichnet wurde, als ein Humanist, für den er die Hand ins Feuer lege – er, der Infrastrukturminister, der, wie wir alle wissen, dem Dunstkreis jener rechtsradikalen Burschenschaften angehört, zu deren lustigen Abenden auch schon mal ein deutscher Liedermacher eingeladen wird, der dort einen Song von Udo Jürgens zum Besten gibt, freilich textlich abgewandelt: *Mit 6 Millionen Juden, da fängt der Spaß erst an, bis 6 Millionen Juden, da ist der Ofen an. / Wir haben reichlich Zyklon B. / Bei 6 Millionen Juden ist noch lange nicht Schluss.*

Da wird gefordert, man solle aus der Geschichte lernen, aber wenn wir aus der Geschichte des Nationalsozialismus lernen wollen, dann heißt es, wir packen die Faschismuskeule aus? Was jetzt? Diese Art von Schuldumkehr und wehleidigem Gejammer geht mir auf die Nerven! Sentimentalität ist die Kehrseite der

Brutalität, das lehrt uns Grillparzer, und die Partei, der die Freiheit im Namen steckt wie die Kreide im Rachen des Wolfs (FPÖ – Freiheitliche Partei Österreichs), führt uns täglich vor, wie recht der Dichter hat.

Solche Politiker zu verhindern, sehr geehrte Damen und Herren, wäre ein Akt der Kultur. Mit ihnen zu gehen oder sie mitzunehmen heißt, ihnen und ihren Fantasien Hoffähigkeit zu bescheinigen.

Jetzt habe ich also doch von der Politik geredet ...

Und wollte nur über die Schönheit sprechen, über die Schönheit und nichts als die Schönheit. Ein bisschen Politik höchstens, ein bisschen Geschichte nur. Ich wollte von Churchill erzählen – weil ich mich etliche Jahre mit ihm beschäftigt habe, er war ja auch ein Künstler, ein Schriftsteller, ein Maler, hat den Literaturnobelpreis bekommen. Mitten im Krieg gegen Hitler wurde im britischen Unterhaus der Antrag gestellt, das Kulturbudget zu kürzen. Churchill, Premierminister und Verteidigungsminister, empörte sich dagegen: »Wofür kämpfen wir denn?«, soll er ausgerufen haben. Und der Antrag war vom Tisch. Das wollte ich erzählen.

Wir wissen: Kunst, Musik, Literatur können Inhumanität nicht heilen. Aber sie können die Humanität stärken. Der Herr Minister und seine Brüder im Geiste haben über viele Jahre Hohn und Spott über jene gegossen, die schlicht gut sein wollten. »Gutmensch« ist zum Synonym von Trottel geworden. Niemand will ein Trottel sein. Wer gut sein will, schämt sich.

Was ist aus dem bürgerlichen Streben nach dem

Schönen, Wahren, Guten geworden? Diese Edelsteine müssen wir im Herzen bewahren! Oder sind wir so weit gekommen, dass wir beim Schönsein, beim Gutsein und bei der Wahrheit nicht beobachtet werden wollen – als würden wir liebevollen Sex treiben oder zu einem Gott beten, über den alle Welt sagt, es gibt ihn nicht?

Wenn wir uns Gedanken über unseren Feind machen, sollten wir damit rechnen, dass auch er über uns nachdenkt. Wenn wir überlegen, wie wir ihn verletzen könnten, sollten wir gewärtig sein, dass er sich ähnliche Fragen stellt. In der Politik werden Maßnahmen nicht nach schön und hässlich, auch nicht nach gut und böse, schon gar nicht nach wahr oder falsch gefasst. Wer ist Freund, wer ist Feind – danach wird die Welt in der Politik geschieden. Wir wollen gegen unseren Feind fair sein, aber wir bereiten uns auf den Fall vor, dass er es nicht ist. Doch das Singen und das Tanzen sollten wir nicht verlernen. Denn wie sagt Bertolt Brecht:
Auch der Hass gegen die Niedrigkeit
Verzerrt die Züge.
Auch der Zorn über das Unrecht
Macht die Stimme heiser.

Und das wollen wir nicht. Wir wollen schön sein und Schönes tun.

Festrede zum Jubiläum ›30 Jahre Kulturverein allerArt‹
in Bludenz am 20. Januar 2018

Meine sehr verehrten Damen und Herren,

mich beunruhigen Untergänge. Dabei gehöre ich einer Generation an, die weitgehend von Untergängen verschont worden war. Es sind die *möglichen* Untergänge, die mir im Nacken sitzen. Wir glauben, unsere Zeit sei die letzte. Der Konjunktiv beherrscht unsere Generation. Der Konjunktiv errichtet über unserem Scheitel ein Gebäude, das jederzeit zusammenzubrechen droht. Es knackst im Möglichen. Das Mögliche schreckt uns mehr als das Wirkliche. Wir fürchten, unsere Zeit *könnte* die letzte sein. Deshalb pfeifen wir nachts im Wald.

Auch der Barockdichter Hans Jakob Christoffel von Grimmelshausen charakterisiert zu Beginn seines Romans *Der Abentheuerliche Simplicissimus Teutsch* seine Zeit als eine, von der man glaube, »dass es die letzte sei«. Er allerdings bezog seinen Schrecken nicht aus dem Konjunktiv. Er wurde in den Dreißigjährigen Krieg hineingeboren; von diesem Krieg erzählt sein großer Roman. Wer diesen Krieg überlebt hatte, war vom Entsetzen gezeichnet – und: jubilierte. Ja, ein paradoxes Lebensgefühl ist dem Barock eigen: verzweifelte Lust an der Gegenwart, die als leere Wartehalle empfunden wird, die es mit artifiziellen Mitteln auszustatten gilt.

Die Zukunft schwebt im Himmel, die Vergangenheit versinkt im unheimlich heimeligen Märchenland. Einem Stein gewordenen Nachhall dieses jubilierenden Entsetzens begegnen wir im Stift Melk – kein schöneres Beispiel dafür kenne ich. Johann Sebastian Bach wiederum fasste das unaussprechlich Widersinnige in Musik und hat damit das barocke Empfinden für immer aufbewahrt.

Meine Großmutter, die Bach nicht kannte, nicht näher jedenfalls, und Melk nicht kannte und nie ein Wort von Grimmelshausen gelesen hatte, hat auf anachronistische Weise in diesem barocken Empfinden gelebt. Sie glaubte – nein, sie war überzeugt –, dass ihre Zeit die letzte sei. Ihr Krieg dauerte ein Jahr länger als der des Grimmelshausen, nämlich von 1914 bis 1945, und war nur unterbrochen durch zwanzig instabile Jahre.

Von meiner Großmutter, meine Damen und Herren, möchte ich Ihnen erzählen, und ich kann mir keinen Rahmen denken, der dazu mehr geeignet wäre als dieser.

Oh Haupt voll Blut und Wunden, dieses Lied von Paul Gerhardt und Johann Crüger, das Bach in seine Matthäuspassion eingearbeitet hat, habe ich nicht in einer Kirche zum ersten Mal gehört, sondern zu Hause in unserer Küche. Als ich es später zur Osterzeit in der Kirche hörte, war ich verwundert darüber, dass es in der Hochgestimmtheit eines Gottesdienstes überhaupt einen Platz haben durfte.

Oh Haupt voll Blut und Wunden kannte ich von meiner Großmutter, und ich dachte, dieses Lied sei so eine Art Zeitmesser, denn wenn sie zum Beispiel Eier hart kochte, dann sang sie fünf Strophen davon. Genauer: Sie sang fünfmal die erste Strophe, denn sie konnte das Lied in einem so exakt immer gleichen Tempo singen, dass die Strophe genau eine Minute dauerte, und die Eier sollten fünf Minuten im siedenden Wasser gelegen haben. Langsam und getragen sang sie das Lied, ich beobachtete sie dabei, und mir schien, als hielte sie singend Zwiesprache mit dem Herd.

Mein Vater nannte sie einen abergläubischen Menschen. Und das war sie wohl auch. Kein Ding in der Welt war für sie seelenlos, der Herd in der Küche schon gar nicht. Mit allem stand sie in einem erzählerischen Austausch.

Von meiner Großmutter habe ich erfahren, dass man Worte nicht nur sagen, sondern auch singen kann – zu welchem Zweck auch immer. Ansonsten war sie ein durch und durch unmusikalischer Mensch. Sie teilte Musik in zwei Kategorien ein, in »Gelüddel« und in »Krach«. Das eine meinte Klaviermusik im Allgemeinen, das andere alle übrige Musik. Dass Musik außer als Zeitmesser auch für sich einen Wert haben könnte, dieser Gedanke war ihr gewiss nie gekommen.

Bei meinem Vater konnte es geschehen, dass er, während ein klassisches Konzert im Radio lief, ausrief: »Der göttliche Mozart!« oder »Der himmlische Beethoven!«. Das war meiner Großmutter peinlich. Bei den großen und ernsten Dingen redete sie nicht mit.

Es war ihr peinlich, wenn jemand das Wort Gott aussprach. Dabei glaubte sie fest an den Allerhöchsten. Nur über ihn reden wollte sie nicht; und das Lied, in dem die Folter am Gottessohn besungen wird, verwendete sie als Messinstrument beim Teigrühren, beim Fleischanbraten, beim Eierkochen oder beim Versteckspielen, wenn sie sich eine Minute lang die Hände vor die Augen drückte und meine Schwester und ich uns unter die Kellertreppe verkrochen.

Über Unsterblichkeit, Ewigkeit, Göttlichkeit und all diese ernsten katholischen Wunder sollte man ihrer Meinung nach nicht reden, über dieses jenseits der Zeit Liegende, in alle Zukunft Reichende. Warum sie als Ersatzuhr ausgerechnet *Oh Haupt voll Blut und Wunden* ausgewählt hatte, darüber kann ich nur spekulieren.

Es ist eine wunderbare Widersprüchlichkeit, dass Musik wie keine andere Kunst einerseits die Zeit strukturiert und sie so für uns begreifbar macht, auf der anderen Seite aber in der Lage ist, die Zeit aufzuheben, der Zeit und ihrer Bedingtheit eine Ahnung von Ewigkeit entgegenzusetzen. Meine Großmutter ignorierte die Zukunft, und die Vergangenheit sortierte sie – das Gute ins Töpfchen und aufgehoben in der Allgegenwart der Erinnerung, die in ihren Erzählungen so unvergleichlich Substanz gewann; das Schlechte ins Kröpfchen und hinuntergeschluckt – nicht ins Vergessen, nein, sondern in den dunklen Gärgrund, den Freud das Unbewusste nennt, wo die Träume, die Ängste, die Fantastereien wurzeln. Die Gegenwart aber – niemand weiß, was das ist –, die Gegenwart war für sie ein Traumzustand, den sie nach Maßgabe eines Kirchenliedes in den Griff zu bekommen suchte, des schönsten Kirchenliedes freilich, das wir haben.

Auch mein Vater erzählte. Aber seine Erzählungen traten nie mit dem Anspruch des selbst Erlebten auf. Er erzählte nicht Geschichten, sondern *Geschichte*. Mir war immer klar, das geht uns eigentlich nichts an, das ist erstens vorbei und zweitens ganz anderen Leuten zugestoßen; und wenn es mich trotzdem interessierte, dann doch nur, weil ich meinem Vater gern zuhörte, er hätte alles Mögliche erzählen können, ich hätte ihm immer gern zugehört.

Solches Erzählverhalten verachtete meine Großmutter. Sie lebte ihr Leben nach dem Motto *Was nicht meines ist, geht mich nichts an.* – Vieles allerdings machte sie zu ihrem »Meinen«. Den Untergang Deutschlands zum Beispiel nahm sie persönlich.

Mein Vater war Historiker, seine Profession pochte auf die These, dass Vergangenes vergangen sei, dass es dargestellt und analysiert, aber gewiss nicht beschworen werden könne wie ein Geist aus der Flasche. Er sprach von der Geschichte als von einem Lehrbuch und durchstreifte das weite Feld der Vergangenheit auf der Suche nach pädagogisch Verwertbarem wie ein Schnäppchenjäger den Flohmarkt. Er nahm seinen achtjährigen Sohn bei der Hand, ging mit ihm zu einer Baustelle der Österreichischen Bundesbahn, erzählte von Karl dem Großen, wies zwischendurch auf die

Planierraupen und sagte: »Hier sind meine Steuern am Werk«, und war wohl überzeugt, je mehr der Mensch über Karl den Großen wisse, desto sinnvoller würden seine Steuern verwendet.

Meine Großmutter kümmerte sich nicht um die Zeit, sie leugnete Vergehen und Vergangensein; sie verließ sich auf ihre Gabe, die Erinnerung jederzeit in einer Erzählung auferstehen zu lassen. Erst als sie schon längst gestorben war, kam mir der Gedanke, dass ihr die Gegenwart in Wahrheit fremd gewesen war, ein bedrohlicher Zustand, bedrohlich deshalb, weil die Gegenwart, die als einzige Realität beanspruchen kann, die Vergangenheit in den Bereich des Nicht-Wirklichen abdrängte, ins Märchen, in die Sage. Das war für die Lebens- und Weltsicht meiner Großmutter eine Gefahr. Denn sie hatte immer fest daran geglaubt, dass das Geträumte, das Gewünschte, das Phantasierte, das Märchen-, Sagen-, Mythenhafte denselben Anspruch auf Wahrhaftigkeit erheben könne wie alles, was jetzt ist und sich angreifen lässt.

Die letzten dreißig Jahre ihres Lebens verbrachte meine Großmutter im Traumzustand einer vergangenheitslosen, zukunftslosen Gegenwart, ein Zustand, der besser als Albtraum zu beschreiben ist. Jedes Staunen in der Gegenwart der Fremde wäre ihr als ein Verrat an ihren Erinnerungen erschienen. Das Land, in dem sie sich seit Ende des Krieges aufhielt – sie hätte sich verboten zu sagen, sie lebe hier, nicht einmal das Wort *wohnen* hätte sie durchgehen lassen –, dieses Land,

Österreich, hatte sie in der Vorkriegs- und Kriegszeit nur aus Reklamebroschüren gekannt, als ein Land, in dem man sogar im Winter braun werden konnte. Sie war aus Deutschland gekommen, aus Coburg in Oberfranken, war ihrer Tochter, meiner Mutter, zu Hilfe geeilt in die Wüste – als Wüstenei hatte sie sich das westliche Österreich, dieses Vorarlberg, vorgestellt: *Vor*-arlberg eine letzte Station *vor* der Wüste. Was aus Deutschland geworden war, dieser künstlichen, weil vom Menschen angerichteten Wüste – im Gegensatz zu der natürlichen, gleichsam naturwüchsigen Wüste Westösterreichs –, nein, dieses zerstörte Land über der nahen Grenze hatte für meine Großmutter nichts mehr mit Deutschland zu tun. Die Anmaßung jener, die es wieder mit demselben Namen belegten wie vorher, diese ungeheuerliche Anmaßung dieser regierenden Menschen, die behaupteten, es gehe weiter, müsse weitergehen, die von einer Stunde Null sprachen – was für eine Verabsolutierung der Gegenwart! –, machte meiner Großmutter schwer zu schaffen, und sie legte sich einen starren Blick zu, wie man ihn bekommt angesichts des Todes. Sie, die niemals auch nur eine Sekunde mit den Nazis auch nur geliebäugelt hatte, die nicht ein einziges Mal, auch nicht als Adolf Hitler sein und ihr geliebtes Coburg besuchte, *Heil* gesagt, geschweige denn gerufen hatte, die allezeit dem bestialischen Jubel die Stirn ihrer märchenhaften Vernunft geboten hatte, sie lehnte dieses Nachkriegsdeutschland von der ersten Minute an ab, diese deutschen Besatzungszonen, diese

Ost- und Westdeutschländer, diese Bundes- und Deutsche Demokratische Republiken. Lauter Stützen, sagte sie, Geklebtes, Geleimtes, Geliehenes.

»Wenn etwas untergegangen ist, soll man es zugeben«, sagte sie. »Und wenn ein Kind gestorben ist, dann soll man dem nächsten Kind nicht den Namen des Toten geben.«

Krieg und Nationalsozialismus hatten die Verbindung von der Gegenwart zur Vergangenheit gekappt. Und obwohl meine Großmutter der traurigen Ansicht war, dieser Riss sei nicht mehr zu flicken, versuchte sie es doch. Denn wenn die Kontinuität der Zeit zerstört ist, dann lässt sich die Zeit nicht mehr messen. Was wäre, wenn man ihr das Lied genommen hätte, mit dem sie in der Küche die kleinen Zeiteinheiten maß? Sie hätte nicht mehr kochen können. Gegen die Geschichte versuchte sie, winzig und tapfer, die Kontinuität der Zeit zu wahren – indem sie Geschichten erzählte. Ihre Erzählungen waren, so vermute ich heute, ihr verzweifelter Zeitmesser in einer aus den Fugen von Vergangenheit und Zukunft geratenen Gegenwart.

Unsere Küche in Vorarlberg ließ sich durch Zuziehen der Vorhänge in Coburg denken. Meine Großmutter sagte: »Tun wir so, als ob wir in Coburg wären!« Sie klemmte die Kaffeemühle zwischen ihre Knie, drehte die Kurbel und sang dreimal die erste Strophe von *Oh Haupt voll Blut und Wunden*. Es war ein Ritual. Eine symbolische Handlung. Eine profane Eucharistiefeier. Aber eigentlich hieß dieses Tun-wir-so-als-ob-wir-in-

Coburg-wären etwas anderes. Nicht eine Räumlichkeit sollte imaginiert werden. Es ging ihr um die Zeit. *Tun wir so, als ob wir vor dem Krieg lebten.* Das war damit gemeint.

Kaffee und Kuchen am Nachmittag war ein Stück Vor-Krieg, ein Stück vor der Katastrophe. Als hätte Marianne nicht diese Nachricht über Karl bekommen, der völlig unnötigerweise, man stelle sich das vor, noch in den letzten Monaten, nachdem er sich doch erst vom Typhus erholt hatte ...

Meine Großmutter brachte es fertig, dass es in unserer Küche in Vorarlberg genauso roch wie in ihrer ehemaligen Küche in Coburg. Das ist belegt. Ihre Nichte kam einmal auf Besuch zu uns. Das Erste, was sie sagte, war: »Hier riecht es wie bei euch vor dem Krieg, Tante Kuni.« Da war meine Großmutter sehr stolz.

»Schau doch nicht immer nur zurück«, sagte meine Mutter. Sie meinte es gut. Sie sah ja, wie die Erinnerungen das alte Herz bedrängten und älter machten. »Schau nicht immer nur zurück!«

»Ja wohin soll ich denn schauen? Nach vorne? Da sehe ich doch nichts!«

Und sie hatte recht. Der Mensch kann nicht nach vorne schauen. Er tut nur so, als ob er es könnte. Unterscheidet er sich von der Natur belassenen Kreatur dadurch, dass er das Futurum kennt? Erst die Vorstellung einer Zukunft, sagen manche Sprachphilosophen, zwinge uns, die Sprache zu erfinden. Sprache sei nämlich zuvorderst dazu da, das Unaussprechliche zu sagen – in Form des Konjunktivs. – Das ist barocke Paradoxie.

Meine Großmutter lebte sechzehn Jahre in Vorarlberg, weigerte sich standhaft, auch nur ein Wort unseres Dialektes zu verstehen, geschweige denn auszusprechen; erfand sogar eigene Worte, wenn sich die fremde Sprache mangels hochdeutscher Ausdrücke nur schwer umgehen ließ. Zu den von ihr – widerwillig – geliebten Topfentascherln sagte sie *Quarkballen*. Das führte zu einem kleinen, verbissenen Wettziehen zwischen ihr und der Konditorsfrau, das meine Großmutter schließlich für sich entschied. Von nun an wurde sie in der Konditorei begrüßt mit: »Darf es wieder eine Quarkballe sein, Frau Könner?«

Später wurde sie freundlicher. Sie grüßte die Leute auf der Straße, unterhielt sich sogar mit ihnen, redete mit Ungezwungenheit in ihrem fränkischen Dialekt. Der rohe, herrische Instinkt der Selbsterhaltung ließ sie vor der Gegenwart kapitulieren. Der Krieg war so unverständlich wie möglich gewesen. Der Nachkrieg war ganz und gar unmöglich, eine Schimäre. Was wird, wenn ich erwache? Ich glaube, dies war ihr ständiger Kummer.

Wenn meine Großmutter vom Tod früherer Freunde erfuhr, löste das zunächst Misstrauen und Ekel in ihr aus und erst nach einer Weile Betroffenheit und Mitleid. Mit einem starren Unterton der Entrüstung erzählte sie die schlechte Nachricht weiter, als wären die Gestorbenen schuld an ihrem Ende, als hätten sie meiner Großmutter absichtlich Kummer bringen wollen. Als hätten jene mit ihrem Tod meiner Großmutter ein Stück ihrer Vergangenheit gestohlen. Mutwillig. Egoistisch. Unberechtigt.

In kurzer Zeit, es war Mitte der Sechzigerjahre, starben fast alle ihre früheren Bekannten aus Coburg. Von da an zeichnete sich eine allmähliche Veränderung ab. Meine Großmutter wurde, wie gesagt, umgänglicher. Ich sah darin ein Zeichen von Resignation. Sie hatte dem Bild trotziger Vereinsamung ein wenig Farbe gegeben. Ganz verließ sie dieser Trotz, der übrigens nie Verbitterung gewesen war, bis zu ihrem Tod nicht. Aber sie verstand es, ihm eine harlekinhafte Note zu geben. Und immer weigerte sie sich, ihre Wäsche in den Schrank zu geben. Sie lebte in all den Jahren aus dem Koffer, als wäre sie lediglich auf der Durchreise. Und dies ist wahrhaftig das Lebensgefühl des Barock.

Festrede bei den 32. Internationalen Barocktagen
in Stift Melk 2010

Hanno Loewy

NACHWORT

Im Anfang war das Erzählen. Und nun ein Band mit politischen Reden?
»Jedes Wort ist zugleich ein Zuwenig und ein Zuviel. Aber wir haben nur Worte, Worte, Worte.« So spricht der Erzähler Michael Köhlmeier, wenn man ihn dazu nötigt, Stellung zu beziehen. Wenn man ihn dazu einlädt, »politisch« zu reden. Oder wenn ihm selbst, wenn dem Erzähler der Bürger Köhlmeier in die Quere kommt. »Zu keiner Zeit und bei keiner Tätigkeit denke ich weniger in politischen Kategorien, als wenn ich schreibe. Das Letzte, was mich beim Schreiben interessiert, ist Politik.«

Michael Köhlmeier mag es nicht, wenn Schriftsteller sich etwas vornehmen, etwas sagen wollen, eine »Absicht« verfolgen. Beim Schreiben verliert er sich lieber in seinen Figuren, sie übernehmen das Zepter, sie lassen sich von keinem Plan dirigieren, von keinem Programm, schon gar keinem politischen. Wenn man ihn auffordert, eine politische Rede zu halten, dann erzählt er von seinen Begegnungen mit Menschen, oder von dem Schmerz darüber, dass solche Begegnungen nicht möglich waren, von seiner Überzeugung, dass Menschen eine Geschichte haben dürfen, die man erzählen könnte, und von der Trauer über jene Geschichten, die nicht gelebt werden können, die von Politik ausgelöscht oder zum Spielball zynischer Ressentiments gemacht wurden, von seiner Sehnsucht danach, von der Politik nicht bei seiner Suche nach Schönheit gestört zu werden. Am liebsten erzählt er dann von jenen Menschen, die ihm am nächsten stehen, von seiner Großmutter, die ihn in die Welt der Märchen eingeführt hatte, in jener Zeit »in der das Wünschen noch geholfen hat«, immer in einem »abergläubischen«, erzählerischen Austausch mit der Seele der Dinge. Von seiner Mutter, die seit dem Krieg – jener Zeit, in der sie lernte, sich für die Politik zu schämen – im Konjunktiv lebte, immer Goethes Faust bei der Hand, im Rollstuhl sitzend, stolz auf ihre Krankheit und ihren Kampf dagegen. Und schließlich von seinem Vater, der sich selbst zum Historiker machte und der souverän die Weltgeschichte bewohnte, wie einen eigenen Planeten.

Am Anfang war das Erzählen.

Ich denke zurück an einen Tag unter dem Hohenemser Schlossberg, als ich zum ersten Mal ein Buch von Michael Köhlmeier in die Hand nahm, ›Moderne Zeiten‹. Damals wusste ich nicht, dass ich damit in einen erzählerischen Strom eingetaucht war, aus dem man nie wieder herauskommt.

Wie so viele Mythen beginnt auch ›Moderne Zeiten‹

mit einer Apokalypse. Freilich einer Köhlmeierschen Apokalypse:

»In unbenannter Zeit fuhr ein Bürgermeister mit seinem Moped über die Erde, als ihm eine Vision vom Untergang der Welt kam, so bilderreich, dass er am Trottoir anhielt.«

Da sind wir also, in Köhlmeiers imaginärem Kosmos, der im Hohenemser Herrenried sein Zentrum hat, einem Stadtviertel der einfachen Leute, und der ins Wiener Caféhaus oder nach North Dakota reicht, nach Grönland und natürlich hinüber in die Schweiz, über den Rhein. Von der Schweiz träumten die Vorarlberger seiner Kindheit, jene eigensinnigen Bewohner von Österreichs westlichstem Bundesland, wie von einem Schlaraffenland, einem Land, in dem es Toblerone und Zigaretten aus aller Welt gab. So nah und so fern.

Der Erzähler Michael Köhlmeier lädt uns ein in eine mythische Zeit, in der man gleichwohl mit seinem Moped am Trottoir anhalten kann. Man braucht nur diesen einen Satz zu lesen und ahnt, dass dieser Mensch einem alle Mythen dieser Welt, alle biblischen Geschichten und großen Dramen der Weltliteratur neu erzählen kann, so als seien die finsteren Intrigen der Götter im Hohenemser Schlosscafé ausgeheckt worden, als hätten die elegischen Momente sich am Pfänderhang über Bregenz am Bodensee entsponnen und als wären die epischen Katastrophen auf dem Gleisfeld des Güterbahnhofs in Wolfurt geschehen.

Nein, diesem Erzähler liegt nichts ferner, als ein politischer Aktivist zu sein. Und schon gar nicht möchte er als Autor zum politischen Aktivisten werden. Michael Köhlmeier ist ein Bürger, ein aufmerksamer Bürger. Als solcher lässt er sich nicht alles bieten. Und wenn Politiker die Sprache, die Köhlmeier so liebt, dazu missbrauchen, uns in kleinen Schritten auf die ganz großen Gemeinheiten vorzubereiten, wenn Politiker die Sorge um Antisemitismus dazu missbrauchen, Rassismus gegen Muslime zu schüren, wenn Europa zur Witzfigur degradiert wird, wenn »Demokratie« zum Recht der Mehrheit gegenüber den Schwächeren pervertiert wird, dann kann es sein, dass dem Bürger Köhlmeier der Geduldsfaden reißt.

Dem Erzähler Köhlmeier hingegen ist viel Geduld eigen. Nichts ist ihm zu gering, zu alltäglich, zu nah oder zu fern, um nicht einen Zauber daran zu finden. Der Erzähler Michael Köhlmeier ist kein Erfinder. Er findet seine Figuren, in sich, in anderen, in den Menschen, die er liebt und über die er staunt, und die sich beim Schreiben verwandeln. Er folgt seinen Figuren mit einem neugierigen Blick, er lässt sich von ihnen entführen, nimmt die Spur ihrer Leidenschaften und Irrtümer auf. Er leidet mit seinen Figuren und jubiliert mit ihnen. Und er beantwortet die alte und bis zur Erschöpfung wiedergekäute Frage danach, ob nicht alles Schreiben autobiografisch sei, ob der Autor – wie es meine Frau so schön pointiert – nicht wieder »von zu Hause« erzähle, mit entwaffnender Radikalität. Wenn Michael Köhlmeier von Jetti Lenobel erzählt, der verpassten großen Liebe seines fiktiven Erzählers in den mitternächtlichen Telefonaten, die er vor mehr als zehn Jahren aufs Papier geworfen hat, dann weiß *ich, der Leser,* genau, dass ich sie kenne (auch wenn ich ihr natürlich nie begegnet bin).

Wie wenig Worte er benötigt, um von Nähe und Ferne zu erzählen, von einer unmöglichen Beziehung.

Ein Abend in Wien wird in besagter Szene geschildert, ein paar Erinnerungen, skizziert auf zwei Seiten, bereiten diesen Dialog vor: »Ich wählte ihre Handynummer. ›Jetti, wo bist du?‹ ›In Prag bin ich, im Hotel. Wo bist du?‹ ›Ich bin in München, auch im Hotel. Ich würde gern bei dir sein.‹ ›Es war eine *große* Liebe.‹ ›Es war eine große *Liebe*.‹ Die Rettung fuhr draußen vorbei. Jetti und ich, keine hundert Meter voneinander entfernt, hörten das Martinshorn auf der Straße und im Hörer. ›Wenn wir beide zu Hause wären‹, sagte ich, ›dann würde ich zu dir kommen.‹ ›Das wäre schön‹, sagte Jetti.«

Und manchmal gehen Wünsche in Erfüllung und aus einer Szene wird noch ein Roman, eben erschienen ›Bruder und Schwester Lenobel‹.

Erzählt also Michael Köhlmeier von »zu Hause«? Manchmal tut er so, dann sollte man erst recht nicht in diese Falle tappen. Denn das Hohenems, das in seinen Texten so häufig der Spielplatz der Helden ist, seine eigene Familie, seine geliebte Monika, seine Eltern, die

Kinder, aber auch die Nachbarn und heimatlichen Zufallsbekanntschaften, sie verwandeln sich in eine ganze Welt – indem sie in seinem Schreiben ihr eigenes Leben beginnen.

Wenn Michael Köhlmeier von dem todtraurigen Liebeskummer eines kaum vierzehnjährigen Mädchens erzählt, von Madalyn: dann fragt man sich, wann man zuletzt einem Menschen so nahe war. »Aber ich hätte sie gern an mich gedrückt und gesagt, es wird alles gut. Denn gar nichts war gut.« Köhlmeier erzählt nicht nur von den Abgründen eines jungen Lebens, sondern auch von den Grenzen des Erfindens, des Lügens, des Vertrauens, der Frage, ob das Lügen helfen kann.

Und von einem grandiosen Lügner erzählt Michael Köhlmeier auch in seinem Roman über den Mörder ›Joel Spazierer‹. Von einem »zu Hause« erzählen, heißt hier: von einem Albtraum. Und davon, dass man nichts davon glauben muss, was wir über diesen Albtraum erfahren. Natürlich ist auch der jüdisch klingende Name des Helden eine Anmaßung, ein Spiel, eine selbstgewählte Camouflage, doch alles, was dieser Held tut, betrügen, stehlen, morden, steht außerhalb unseres moralischen Urteils, geboren aus der Urszene einer vollkommenen Verlassenheit, eines Bankrotts aller Moral. Dem Erzähler Köhlmeier ist das Böse nicht fremd. »Das Menschsein als solches war mir fremd geworden«, konstatiert der Held, der als Kind nach der Verhaftung der Eltern durch die Geheimpolizei in Budapest allein in der Wohnung zurückblieb, »weil ich mich nicht mehr als Mensch begriff.« Am Ende dieses Buches ist wenig übrig von unserem Vertrauen in die Autorschaft des Erzählers. Und zugleich unsere Neugier geweckt auf alles Menschliche. Unsere Sinne sind geschärft, für den Missbrauch der Sprache, für die Verführung der politischen Parole und für den Eigensinn, der sich dem Populismus widersetzt.

Was hat dieses Schreiben, diese Neugier auf das, was aus einem Menschen (im Guten wie im Schlechten) werden kann, mit der Tatsache zu tun, dass Michael Köhlmeier wider Willen zum »Zoon Politikon« geworden ist, in einem Augenblick, in dem die politische Öffentlichkeit Österreichs, Deutschlands, Europas wie paralysiert erscheint – angesichts der Konjunktur des Nationalismus und des Ressentiments, mit dem die Zyniker der Macht ihr Geschäft betreiben, angesichts der wohlfeilen politischen Parole der »Angst«, die jene Menschen verhöhnt, die sich zurecht Sorgen machen. Michael Köhlmeier hat sich keiner Partei verschrieben, keine Politik gemacht. Er hat sich »nur« für Menschen interessiert, tut es bis heute, und zwar für alle. Wie z.B. für den Spross einer italienischen Einwanderfamilie, der für einen Tag berühmt wird, weil es ihm gelingt, einen Hochspannungsmast zu erklettern und nicht wieder hinunter zu kommen. Oder für einen unbekannten Türken, den er im Krankenhaus mit eben jenem Talisman antrifft, den er selbst auf dem Weg zur Hohen Kugel, einem Berg über Hohenems, einmal gefunden und später wieder verloren hatte, nun froh darüber, dass dieses »liebe Ding« wieder einen faszinierten Besitzer hat. Er interessiert sich für die Manien seiner Wiener Kaffeehausbekanntschaften und für die privaten Katastrophen der Menschen, denen er im Hohenemser Supermarkt an der Kasse begegnet. Er interessiert sich für das Kind in ihm selbst, und für die profanen Rituale seiner Großmutter, die die Zeit vor dem Krieg heraufbeschwören, jene Zeit vor dem »bestialischen Jubel«.

Michael Köhlmeiers Schreiben, dieser Sinn für das Einfache, das einen ganzen Roman enthalten kann, zeugt von der Achtung gegenüber jedem Menschen. Und diese Achtung gegenüber jedem Menschen, die sich auch in Wut verwandeln kann, wenn es gilt, dessen Würde zu verteidigen, ist vielleicht politischer, als alles das, was sich Parteien ausdenken können.

Michael Köhlmeiers Schreiben ist die Verteidigung der Langsamen gegen die Schnellen, aber auch die Verteidigung der phantasievollen oder aus Not gewitzten Lügner gegen die satten Heuchler, es ist die Verteidigung der Unzugehörigen gegen die »Immerschondagewesenen«, aber auch die der Ehrgeizlosen gegen die Gierigen. Als geborenem Erzähler ist Michael Köhlmeier nicht so sehr Erfindungsreichtum, sondern eine andere Gabe zuteil geworden: Empathie, eine produktive Überempfindlichkeit, ein verletzlicher Gerechtigkeitssinn und die Lust daran, die Welt auf die Probe zu stellen. Der geborene Erzähler kann die Genres wechseln wie Schuhe, er schreibt Lieder und Märchen, Mythen und Kurzprosa, Novellen und Romane, und alles fließt in Fortsetzungen wie eine überbordende Strömung ins Unendliche. Die Quelle dieses Stroms ist ein kleines Land, ein kleines Städtchen, ein Stadtviertel »unter der Bahn«, da, wo kleine Siedlungshäuschen stehen und die Kinder auf der Straße spielen. Eine mythische Landschaft, in der alle Dramen der Welt, alle Erzählungen von Wanderung und Sehnsucht, Aufbrüchen und Ankommen, Neid und vergrabenen Schätzen, von Ehrgeiz und Eifersucht begonnen haben könnten. Ein Land, dessen Gravitationszentrum für Michael Köhlmeier da liegt, wo einstmals eine »Judengasse« und eine »Christengasse« zusammenliefen und später gemeinsam ein »türkisches Viertel« bildeten, in dem Köhlmeier und seine zu Besuch kommenden Freunde sich neue Ringparabeln ausdachten, da, wo sich das Rheintal zwischen Schlossberg und altem Rhein zusammenzwängt, wo früher einmal Flüchtlinge den Weg in die Freiheit suchten und sich manche auf der anderen Seite des Rheins, in der urdemokratischen Schweiz, damit brüsteten, »Fluchtrouten geschlossen« zu haben, da, wo ein mächtiger Felsen über dem Städtchen lauert und naturgemäß alle immer ein wenig aufgeregter und streitlustiger sind.

Bei all der Streitlust um ihn herum zieht sich der Erzähler Michael Köhlmeier gerne zurück, obwohl er, wenn er gerade nicht schreibt, auch zornig dreinfahren kann oder die Rolle wechseln. Dann wird er zum Rockmusiker, der Geld für Krankenhäuser mobilisiert, zum Fernsehmoderator, der mit seiner Neugier die Studiogäste entwaffnet, zum streitbaren Bürger, der auch einmal vor Gericht zieht, wenn er den alltäglichen Rassismus nicht mehr aushält. Und dann und wann lässt er sich vor ein Publikum stellen und redet. Und fühlt sich dabei gar nicht wohl in seiner Haut.

Ganz gleich, ob er von den Nibelungen oder von Hamlet berichtet oder über einen Innenminister nachdenkt, der Flüchtlinge »konzentriert an einem Ort halten« will, ob er Brecht zitiert und darüber räsoniert, wie auch der »Hass gegen die Niedrigkeit« hässlich machen kann, ob er aus seinen Büchern vorliest, oder beim Mittagessen von seinem Enkel berichtet. Er erzählt. Und solange er das tut, geschieht etwas Magisches.

Man kann das nur mit einem gewissen Stolz tun, der freilich auch nur ein anderer Name ist für Verletzbarkeit. Vor allem aber: so wie Michael Köhlmeier, kann man es nur, wenn man frei von Dünkel ist. So kümmert er sich nach wie vor um sein Haus im Hohenemser Herrenried, das sich sanft, mal leise knarrend, mal etwas lauter protestierend, im unsicheren Grund zur Seite neigt. Und erzählt von seinen Nachbarn und ihren Abenteuern in der Welt.

Der armselige Zwilling des Dünkels, das Ressentiment gegen das Fremde, der zynische Hochmut gegenüber jenen »Anderen«, die sich hinten anstellen sollen, immer mit der Aussicht, dass wir vor ihnen den Schalter zumachen, das »Mittelmeer schließen«, es ihnen »ungemütlich machen«, dieser neue »Stolz« der Nationen, er feiert sich in Wien und anderen europäischen Hauptstädten inzwischen als »Leitkultur«, als »neue Politik«. Und sorgt dafür, dass wir uns bald überall wie Fremde fühlen.

Wo Michael Köhlmeier hingegen erzählt, da ist »zu Hause«, und zwar für jeden. Und sei es zwischen zwei Buchdeckeln. Und sei es in einer politischen Rede.

Die in diesem Band versammelten Reden
von Michael Köhlmeier erscheinen
zum ersten Mal in Druckform.

Ausführliche Informationen über
unsere Autoren und Bücher
www.dtv.de

Originalausgabe
© 2018 dtv Verlagsgesellschaft mbH & Co. KG, München
Umschlaggestaltung: dtv
Gesetzt aus der Stempel Garamond
Satz: Katrin Uplegger/dtv
Druck und Bindung: Druckerei C.H.Beck, Nördlingen
Gedruckt auf säurefreiem, chlorfrei gebleichtem Papier
Printed in Germany · ISBN 978-3-423-14709-5